Beltz Taschenbuch 801

Über dieses Buch:

Wenn Sie dieses Buch nach ein paar Stunden aus der Hand legen, hat sich die Beziehung zu Ihrem Kind bereits zum Positiven verändert. Mit Hilfe der »strategischen Kommunikations- und Umgangsmuster« finden Sie einen neuen Weg, sich den Schwierigkeiten und Nöten von Jugendlichen zu öffnen und auf beiden Seiten vorhandene Machtpositionen abzubauen.

Was mache ich, wenn mein Kind lügt? Keinen Argumenten mehr zugänglich ist? Drogen nimmt? Regeln mißachtet? Gewaltbereit ist oder einer Jugendbande angehört? Deprimiert oder depressiv wirkt? Schwierigkeiten mit Sex hat?

Der Ansatz des Autors ist ebenso genial wie ein einfach. Vordringlich geht es darum, daß aus Erziehung wieder eine Beziehung wird, die dem Kind in all seinen Schwierigkeiten neue Wege eröffnet, sein Problem positiv zu lösen. Das Vorwort zu diesem außergewöhnlichen Buch hat der bekannte Jugendforscher Klaus Hurrelmann geschrieben.

Der Autor:

Jamie Raser arbeitet als Familientherapeut und Sozialarbeiter seit über 20 Jahren mit Kindern und ihren Familien. Seine klinische Erfahrung stellte er in den Dienst von Kinderschutzverbänden, Drogenbeauftragten, von Schulen und Kinderärzten. Seit kurzem gehört er zu den Herausgebern einer Zeitschrift für systemisch orientierte Therapien.

Jamie Raser

Erziehung ist Beziehung

Sechs einfache Schritte, Erziehungsprobleme mit Jugendlichen zu lösen

Aus dem Amerikanischen von Matthias Oles

BELTZ
Taschenbuch

Titel der amerikanischen Originalausgabe:
Jamie Raser: Raising Children You Can Live With

Erschienen bei Bayou Publishing , Houston, Texas

Besuchen Sie uns im Internet: http://www.beltz.de

2. Auflage

Umschlaggestaltung: Federico Luci, Köln
Umschlagphoto: ©Bavaria Bildagentur, München
Typographie: Typoundso, Ingersheim
Satz: Satz- und Reprotechnik GmbH, Hemsbach
Druck und Bindung: Druckhaus Beltz, Hemsbach
Printed in Germany

ISBN 3 407 22801 5

Inhalt

Vorwort von Klaus Hurrelmann

In Familie, Kindergarten und Schule herrscht heute große Verunsicherung. Eltern und Berufspädagogen wollen nichts falsch machen, viele möchten sich der mühselig und quälend gewordenen Auseinandersetzung darüber entziehen, was den Kindern und Jugendlichen erzieherisch bekommt und was nicht. Viele Erwachsene haben sich deswegen aus der Rolle als Eltern oder Erzieher praktisch verabschiedet. Sie haben sich auf eine Position der »Nicht-Erziehung« zurückgezogen, auf einen laufenlassenden, »permissiven« Erziehungsstil, der häufig auch als anti-autoritär bezeichnet wird. Andere wiederum versuchen, ihre Verunsicherung durch einen forcierten und dirigistischen Erziehungsstil zu überspielen, der oft in autoritäres Gehabe überspringt.

Die pädagogische Verunsicherung trifft nicht nur die Praktikerinnen und Praktiker. Auch in der theoretischen Diskussion läßt sie sich wiederfinden. Viele Vertreter der Erziehungswissenschaft sind heute nicht bereit, den Begriff »Erziehung« zu definieren, einige behaupten, er könne nicht mehr verwendet werden. Sie befürchten, schon alleine mit der Verwendung des Begriffes einem bestimmten Stil des Umgangs von Erwachsenen mit Kindern Vorschub zu leisten. Aber: Die bloße Vermeidung des Begriffes Erziehung ohne jede Alternative hat nichts, aber auch gar nichts zu einer Klärung beigetragen, wie denn nun eine angemessene Beziehung zwischen Erwachsenen und Kindern aussehen könnte. Es wird höchste Zeit, in diesem eigenartigen Gewirr von Positionen eine klare Linie aufzuzeigen.

Jamie Raser tut das mit dem vorliegenden Buch, das in der hervorragenden Übersetzung eines Erziehungspraktikers vorliegt. Hier wird nicht um das Thema herumgeredet, sondern zum Thema gesprochen, und zwar klar und präzise, handfest und praktisch. Schnell wird deutlich: Der anti-autoritäre Erziehungsstil ist ebenso hilflos und untauglich wie der autoritäre, wenn das Ziel der Erziehung Selbständigkeit, Selbstbewußtsein, Entscheidungsfähigkeit, Leistungsbereitschaft, Kooperationsbereitschaft und Verantwortungsgefühl der Kinder ist. Erziehungsstile sind kein Selbstzweck, sondern sie sind Mittel zum Zweck. Sie können nur danach beurteilt werden, ob sie bei Kindern die Persönlichkeitseigenschaften und Merkmale fördern, die ich wünsche und die für unsere demokratische Gesellschaft hilfreich sind oder nicht.

Genau von dieser Position geht Jamie Raser aus und rollt unter der anschaulichen Gegenüberstellung der Begriffe Erziehung und Beziehung das Thema an Beispielen auf. Für Eltern, Kindergärtnerinnen, Lehrerinnen und Lehrer und alle anderen Menschen, die sich intensiv mit Kindern und deren Lebenswelten beschäftigen, ist das Buch angenehm zu lesen und hilfreich. Der Autor bezieht eine klare Position und erläutert sie an anschaulichen Fällen. Am Ende wissen wir, was eine Erziehung in einer demokratischen Kultur sein kann, nämlich die ständige gemeinsame Absprache, ja das Aushandeln von Umgangsformen und Regeln mit Begründung und Erläuterung, angemessen für jede Entwicklungsstufe des Kindes. Ohne ein festes Familienritual, ohne Spielregeln in Kindergarten und Schule ist eben kein Zusammenleben möglich. Der Autor macht keinen Hehl daraus, wie schwierig es ist, sich als Erwachsener Kindern gegenüber so zu verhalten. Aber in angenehm pragmatischer Form erläutert er zugleich, wie die einzelnen Schritte aussehen können, um das angemessene und richtige Erziehungs- und Beziehungsverhalten einzuüben. Insgesamt ein erfrischendes und zugleich sehr nützliches Buch.

Einleitung

Die meisten, die das vorliegende Buch in die Hand nehmen, werden sich drei Fragen stellen: Um was genau geht es in diesem Buch? Warum soll ich dieses Buch lesen? Ist der Autor jemand, der mir etwas mitteilen kann?

Um was geht es in diesem Buch?

Dieses Buch zeigt uns, wie Menschen aufeinander einwirken. Es zeigt, wie ihre Umgangsformen Spuren hinterlassen und wie negative Umgangsmuster zu Problemen führen, die Eltern mit Kindern haben. Es zeigt aber auch, wie solche Wechselwirkungen verändert werden können, damit die Probleme erst gar nicht entstehen bzw. gelöst werden.

Wenn Ihre Erziehung nicht zu dem Ziel geführt hat, das Sie sich vorgenommen haben, gibt es einen Weg, solche Umgangsmuster zu verstehen und sie zu analysieren, um die gesamte Beziehung zu Ihrem Kind positiv zu verändern. Es gibt Möglichkeiten, entsprechend einzugreifen. Anhand von 14 typischen Beispielen für Umgangsmuster, mit denen Eltern Probleme haben können, werden die Hintergründe aufgezeigt und Strategien angeboten, um jedes dieser Dilemmata zu lösen.

Warum soll ich dieses Buch lesen?

Wenn Sie durch die nachfolgenden Beispiele die Struktur und Mechanik von Umgangsmustern kennenlernen und wie man erfolgreich damit umgeht, werden die Probleme für Sie und Ihr Kind bewältigt und somit auch zukünftige Probleme verhindert werden. Die Qualität, wie Sie mit Ihrem Kind umgehen, wird verbessert, so daß sowohl Sie als auch Ihr Kind mehr Freude an Ihrer gegenseitigen Beziehung haben.

Kann mir der Autor etwas mitteilen?

Mit einem Diplom in Gesundheitswissenschaften und einem in Sozialarbeit habe ich seit 1976 mit Kindern und ihren Familien zu tun. Mit Teenagern, zu deren Leben Bandenzugehörigkeit, Waffenbesitz, Drogenhandel und Kontakt mit der Polizei gehörten, und mit Kindern, die sich in der Schule keine Mühe gaben und ihren Eltern große Sorgen machten. Im Rahmen des Jugendschutzes und als Bewährungshelfer habe ich mit Jugendlichen und Familien therapeutisch gearbeitet, bzw. Schulen und Hausärzte entsprechend beraten. Zusätzlich habe ich den Titel eines diplomierten Sozialarbeiters, klinischen Praktikers sowie Ehe- und Familientherapeuten. Macht mich all dies zu einem Experten in Erziehungsfragen? Auf gar keinen Fall!

Vielmehr ist es die langjährige Erfahrung damit, wie Menschen aufeinander einwirken und sich aufeinander beziehen. Niemand lebt oder handelt in einem luftleeren Raum. Alles, was jemand macht, hat eine Wirkung auf irgendwen oder irgend etwas. Man kann nicht wirksam disziplinieren, ohne daß eine enge Zusammenarbeit auf der Beziehungsebene stattfindet. Eltern können keine erfolgreichen Eltern sein, wenn keine Wechselwirkung von Lernen, Zusammenarbeit, Nähe, Liebe und Freude vorhanden ist. Alle Eltern versuchen dabei, die Form der Wechselwirkung zu finden, die am wirkungsvollsten für sie und ihre Kinder ist.

Mein Beruf – die Psychotherapie – bezieht sich auf die Veränderung von Wechselwirkungen in Beziehungen; diese Veränderungen sollen bewirken, daß es Menschen besser geht und sie ihre Probleme in den Griff bekommen. Um Menschen zu helfen, mußte ich genau hinsehen, wie sie auf andere einwirken und darauf achten, wie ich mich mit ihnen austauschen kann, damit sie etwas bei sich und anderen verändern können. Es geht in diesem Buch also darum, wie wir aufeinander einwirken und wie Probleme durch das Verbessern von Wechselwirkungen in zwischenmenschlichen Beziehungen abgebaut werden.

Erziehen ist beziehen!

»Kinder haben Vorbilder nötiger als Kritiker.«
Joseph Joubert, Pensées *(1842)*

Teil 1: Die Grundlagen

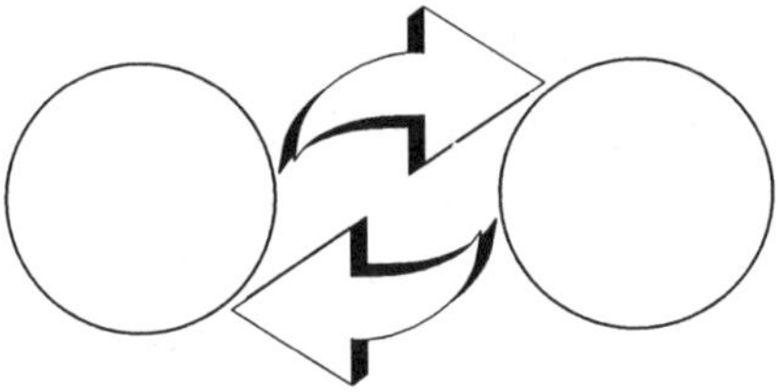

»Jeder erwartet von einem Jugendlichen, daß er wie ein Erwachsener handelt und dennoch zufrieden ist, wenn man ihn wie ein Kind behandelt.«
Anonym

1. Die Eltern/Kind-Beziehung

Erziehung ist mehr als nur die mechanische Anwendung von »Techniken« oder »Manipulationen«, um die Kontrolle über einen anderen Menschen zu gewinnen. Vielmehr handelt es sich um eine spezielle Art von Beziehung zwischen einem Elternteil und einem Kind.

Diese Beziehung zeigt, was Sie und Ihr Kind verbindet. Sie ist das Ergebnis von allem, was Sie geben und von Ihrem Kind bekommen. Sie bildet sich aus vielerlei gegenseitiger Einflußnahme, die Sie aufeinander ausüben. Die Qualität des Umgangs prägt die Beziehung.

Sie als Eltern mögen vorübergehend stärker sein oder unter Benutzung verschiedener »Tricks« die Beziehung kontrollieren, aber *wachsender, dauernder Einfluß wird nur durch erfolgreiches Aufeinandereinwirken erreicht, was eine positive Beziehung zur Voraussetzung hat.* Dieses Buch präsentiert Informationen darüber, wie Eltern und Kinder sich aufeinander beziehen, wie die Beziehung schiefgehen kann, wie negative Wechselwirkungen zu destruktivem Verhalten bei Kindern führen und wie man solch negativen Kreisläufen (»Teufelskreisen») vorbeugt, bzw. sie zum positiven verändert.

Wichtige Komponenten der Eltern/Kind-Beziehung

Was sind nun die wesentlichsten Komponenten Ihrer Beziehung zu Ihrem Kind? Nachstehend einige Beispiele: Disziplin, Grenzen, Zuwendung, Lenkung, Struktur, Liebe, Belehrung, Respekt, Sozialisierung.

In der Beziehung zu Ihrem Kind spielen Sie verschiedene Rollen. Sie lassen sich allgemein in zwei unterschiedliche Bereiche aufteilen. Der erste Bereich kann als »geschäftlich« betrachtet werden, der andere als »persönlich« (siehe Tafel 1). Als Elternteil und Sorgeberechtigter einer jungen, sich entwickelnden Person gibt es bestimmte Dinge, die Sie das Kind lehren müssen, damit es in der Gesellschaft gut zurechtkommt und damit das Zusammenleben zu Hause und in der Familie ohne große Probleme klappt. Dafür müssen Sie bestimmte Maßstäbe und Grenzen für sein Verhalten setzen. Diese Funktionen fallen in die Sparte, welche das »Geschäftliche« in der Beziehung genannt werden könnte.

Der andere Teil der Beziehung ist die »persönliche Ebene«. Sie ist der Teil, wo die lustige, liebevolle, warmherzige und respektvolle Seite der Beziehung ausgelebt wird.

Die beiden Ebenen der Eltern/Kind-Beziehung

Geschäftlich	Persönlich
Disziplin	Zuwendung
Lenkung	Liebe
Struktur	Respekt
Belehrung	Spaß
Regeln	Sozialisieren
Sozialisierung	Freundschaft

Tafel 1: Bestandteile jeder Eltern/Kind-Beziehung

Manchmal schenken Eltern der geschäftlichen Ebene so viel Aufmerksamkeit, daß sie die persönliche Seite der Beziehung vergessen. Oder sie denken vielleicht, daß sie sich die angenehme und freundliche Ebene der Beziehung zu ihrem Kind nicht gestatten dürfen, weil sie das »Geschäft« (d.h. das Aufstellen und Einhalten von Regeln) irgendwie untergräbt. Kinder, deren Verhalten scheinbar stark gelenkt werden muß, stellen oft wenig bereit, was Sie als Eltern auf der persönlichen Beziehungsseite belohnt. Die Beziehung wird vom »Geschäftlichen« unter Ausschluß der »persönlichen Ebene« beherrscht. Zum Beispiel mögen Sie sich gesagt haben: »Nie gibt sie mir eine Chance, irgend etwas für sie zu tun, immer bin ich nur das gemeine Monster, für das sie mich hält.«

Sie können aber auch disziplinieren und die persönliche Ebene trotzdem aufrechterhalten. Wenn Sie meinen, Sie müßten immer nur die »Geschäftsseite«

betonen, werden Sie überrascht sein, welche Freude das Einbringen der persönlichen Ebene oder zumindest das aufrichtige Bemühen darum bringen kann, weil Ihre Erziehung um eine kreative Komponente bereichert wird! Denn falls Sie keine Freude mehr an der Beziehung zu Ihrem Kind haben, weil alles, was Sie tun, nur Schimpfen, Grenzen setzen und Durchsetzen von Regeln bedeutet, wird Ihr Kind die Beziehung seinerseits als unangenehm empfinden. Falls es Ihnen gegenüber dann immer wütender wird und Sie nur als Tyrannen sieht, ist es wahrscheinlich auch weitaus weniger bereit, mit Ihnen zusammenarbeiten zu wollen. Es wird dazu neigen, keiner Ihrer Regeln nachzukommen. Spürt es dagegen die Anteile der persönlichen Ebene wie Freundschaft, Liebe oder Respekt, wird es eher zu Konzessionen bereit sein. Es wird eher bereit sein, auch selbst etwas dazu beizutragen, um in dieser freundlicheren Atmosphäre zu leben.

Aber ebenso, wie Sie zu stark auf die »geschäftliche Ebene« setzen, können Sie sich auch zu stark auf die »persönliche Seite« konzentrieren. Sie haben mit Ihrem Kind eine Aufgabe zu erfüllen. Sie sind nicht nur der Freund Ihres Kindes. Ihre Tochter ist beispielsweise nicht dazu da, ihre eigenen Schwierigkeiten ständig auf Sie abzuwälzen. Falls Sie immer nur den Kumpel spielen, werden Sie später Probleme bekommen, wenn Sie Grenzen setzen müssen. Und letzteres ist Teil Ihrer Aufgabe, das Kind zu sozialisieren, Teil der Arbeit von Erziehenden.

Beide Seiten der Eltern/Kind-Beziehung können durcheinandergeraten, wenn z.B. Eltern dem Kind die Mißachtung einer Regel (also eine »Geschäftsfrage«) als Mangel an Respekt (also eine »persönliche Frage«) auslegen. Oder wenn Eltern meinen, gemeinsamer Spaß, gemeinsame Freude (»persönliche Seite«) und Grenzensetzen schließen sich aus.

In der geschäftlichen Welt ist eine Geschäftsbeziehung klar definiert. Falls jemand einen Teil eines Vertrages nicht ausführt, hat das bestimmte Folgen. Gewöhnlich haben wir nicht das Gefühl, daß der Vertrag aus persönlichen Gründen gebrochen wurde. Wenn ich mich an jemanden wende, um mein Haus am Montag streichen zu lassen, und dieser dann nicht erscheint, werde ich kaum daran denken, er sei weggeblieben, weil er mich nicht mochte. Aber ich würde die Arbeit, die nicht ausgeführt wurde, auch nicht bezahlen. Ich würde wohl ärgerlich darüber sein, aber dem Handwerker keinen Vortrag über das Respektieren meiner Grenzen und Regeln halten. Mit anderen Worten, ich würde eine Geschäftsbeziehung wie ein Geschäft behandeln und mich nicht persönlich darin engagieren.

In der Erziehung ist es wichtig, die »geschäftliche Ebene« wie ein Geschäft zu behandeln und die »persönliche Ebene« gleichzeitig zu wahren und zu genießen.

Wie können Sie also auf Ihr Kind einwirken, um es alles zu lehren, was es wissen muß, und dabei noch in der Lage sein, sich an ihm zu erfreuen? Wie verbinden Sie die »Geschäftsseite« mit der Person, die Sie gerne haben?

Eltern werden häufig in destruktive Kreisläufe (Teufelskreise) mit ihren Kindern verwickelt, die von zerstörerischen Denkweisen und Handlungen geprägt sind. Aber eine andere Sichtweise kann helfen, daß die wechselseitige Beziehung zum Kind wieder mehr Spaß macht und sowohl für die Eltern als auch die Kinder befriedigender und effektiver ist.

Dadurch, daß Eltern *erfolgreiche Kommunikations- und Umgangsmuster* erlernen können, werden sie in der Lage sein, wirksamer zu handeln, nicht nur im Zusammenhang mit den eigenen Kindern, sondern auch in anderen zwischenmenschlichen Beziehungen. Positive Kommunikations- und Umgangsmuster können Ihnen die Fähigkeit verleihen, die destruktiven Muster und Verhaltensweisen von Kindern zu verändern bzw. ihnen vorzubeugen.

Zur Erinnerung: Wichtige Punkte aus Kapitel 1

1.

Dauernder und anhaltender Einfluß wird dadurch erreicht, daß Eltern und Kinder sich erfolgreich aufeinander beziehen und entsprechend aufeinander einwirken.

2.

In jeder Eltern/Kind-Beziehung gibt es eine geschäftliche und eine persönliche Beziehungsebene.

3.

Es ist wichtig, die geschäftlichen und die persönlichen Angelegenheiten zu trennen.

4.

Zu viel Konzentration auf die eine oder andere Seite raubt der Beziehung ihre Effektivität und macht sie weniger erfüllend.

5.

Die zerstörerischen Denkweisen und Handlungen von Kindern können das Ergebnis ihrer Umgangsmuster mit Eltern und anderen Autoritätspersonen sein.

»Die Kinder von heute sind Tyrannen.«
Sokrates

2. Strategische Kommunikations- und Umgangsmuster (I)

Strategische Kommunikations- und Umgangsmuster beziehen sich eigentlich auf alle Alltagskontakte, die Sie zu Ihrem Kind haben. Zusammengefügt bilden sie die Beziehung, die Sie miteinander haben. Strategische Kommunikations- und Umgangsmuster bedeuten, daß die Beziehung zu Ihrem Kind für einen besonderen Zweck geplant werden kann. Der Zweck ist es, das Miteinander und damit die Beziehung zu verbessern. *Das Ziel ist, besser aufeinander einzuwirken, damit Sie mehr Einfluß haben und gleichzeitig auch mehr Freude mit und Gefühlsnähe zu Ihrem Kind erleben!*

Sehen Sie sich die Abbildung 1 auf der folgenden Seite an. Sie symbolisiert ein Kommunikations- und Umgangsmuster. Das »E« vertritt ein Elternteil, während »K« – Sie erraten es – Ihr Kind vertritt. Lassen Sie uns annehmen, daß Sie der Elternteil in dieser Beziehung sind. Was geschieht hier? Sie (E) haben eine Mitteilung für Ihr Kind (K), welches dann angemessen reagiert.

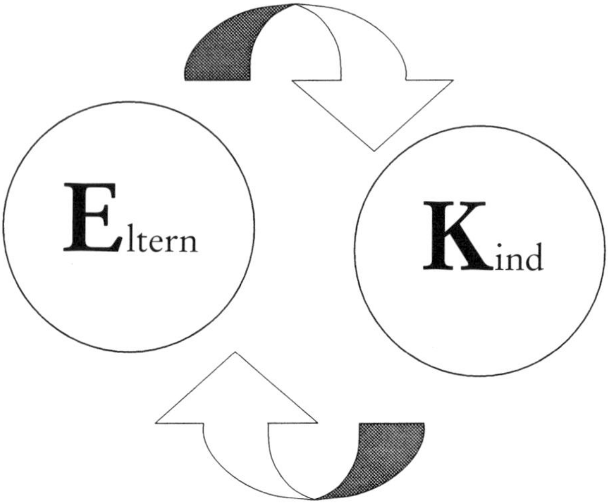

Abbildung 1: Typische Eltern/Kind-Beziehung

Die Kommunikation verläuft glatt und ruhig. Richtig? Zum Beispiel sagen Sie zu Ihrem Kind: »Bitte räume dein Zimmer auf.« Ihr Kind antwortet: »O.k., ich tue alles, was du sagst, liebe Mutter (Vater).« Richtig? Nein? Also funktioniert es nicht immer so? Vielleicht spielt es sich eher wie im folgenden Gespräch ab:

Mutter: Bitte räume dein Zimmer auf.

Kind: Ständig machst du mir Vorschriften, was ich zu tun habe.

Mutter: Sprich nicht in diesem Ton mit mir!

Kind: Es ist mein Zimmer. Ich werde es so lassen, wie ich es will.

Mutter: Solange du in diesem Haus lebst, folgst du meinen Regeln. Es ist nicht dein Zimmer, es ist mein Zimmer, und ich sage dir, du räumst es jetzt auf.

Kind: Ich werde es aufräumen, wenn ich Lust

und Zeit dazu habe. Hör auf, über mich zu bestimmen.
Mutter: Keine Diskussion mehr. Du räumst es gefälligst auf.
Kind: Warum machst du es nicht selber?

Und immer weiter so im Text! Diese Art von Umgang zeigen die Abbildungen 2 bis 4. Es handelt sich um eine *negative wechselseitige Beziehung*. Sie schaukelt sich auf und gewinnt immer mehr Schwung in Richtung Abgrund. Kennen Sie derartige Auseinandersetzungen mit Ihrem Kind?

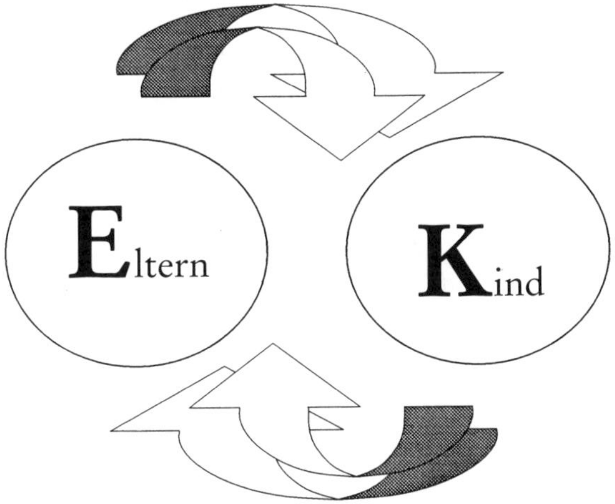

Abbildung 2: Negative Wechselwirkungen verstärken sich gegenseitig.

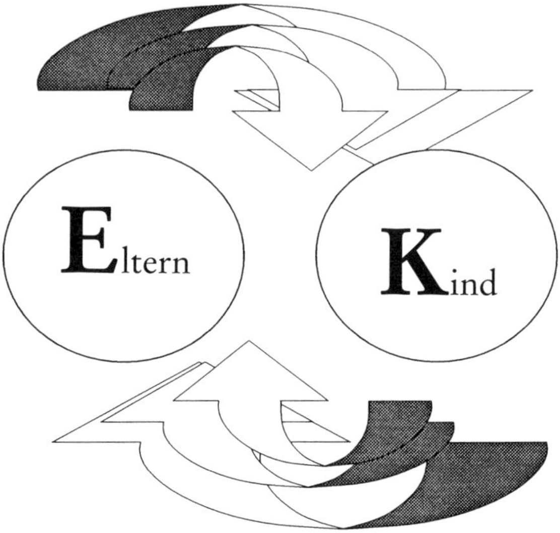

Abbildung 3: Negative Kommunikations- und Beziehungsmuster verstärken und verselbständigen sich immer mehr.

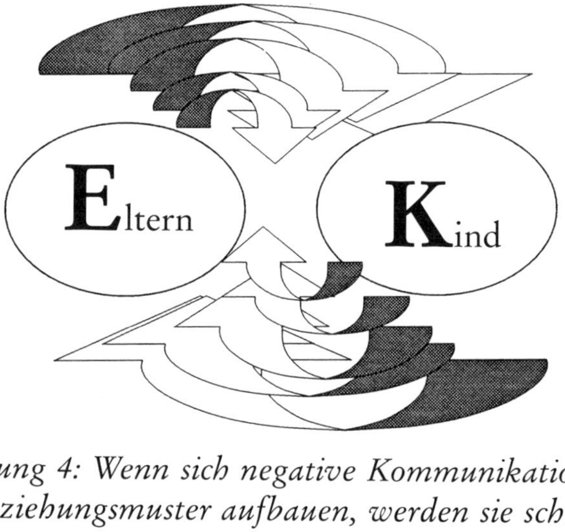

Abbildung 4: Wenn sich negative Kommunikations- und Beziehungsmuster aufbauen, werden sie schnell unüberschaubar.

Was ist passiert? Es gibt fünf Bestandteile gegenseitiger Kommunikations- und Umgangsmuster, die Sie kennen müssen, um sie zu verstehen. Sie müssen sie kontrollierend einsetzen, um das Beste aus ihrer Erziehung zu machen. Bei diesen fünf Bestandteilen handelt es sich um: »Bedeutung«, »Macht«, »stillschweigende Mitteilungen«, »Defizitgefühle« und »Unvernunft«.

Bedeutung

Sie dachten, Sie übermittelten eine harmlose Anweisung, die leicht ausgeführt werden kann. Aber unverzüglich bekamen sie die Abwehr und Wut Ihres Kindes zu spüren, wofür Sie überhaupt keinen Anlaß sahen. Wo also liegt die Bedeutung in jeder Mitteilung, die Sie Ihrem Kind zukommen lassen? Liegt sie in den Worten, die Sie benutzen oder vielleicht in Ihrer Absicht, etwas durchzusetzen? Nein. *Die Bedeutung einer Mitteilung liegt in der Interpretation der Mitteilung durch den Empfänger. Es ist gleichgültig, was Sie mitteilen wollten. Es kommt nur darauf an, wie es die andere Person interpretiert.*

Der einzige Weg zu erfahren, ob Ihre Mitteilung so verstanden wurde, wie Sie es gemeint haben, ist die Antwort, die Ihnen die andere Person gibt. In dem Beispiel oben waren der Zorn und der Ärger, mit denen Ihr Kind reagierte, Anhaltspunkt dafür, daß Ihre Mitteilung nicht als ein einfaches, harmloses Ersuchen interpretiert wurde, sondern als eine Art von Drohung oder autoritärem Befehl.

Macht

Macht ist ziemlich klar definiert. Sie hat damit zu tun, wessen Wunsch in der jeweiligen Auseinandersetzung dominiert. Es geht darum, ob die andere Person:
(a) macht, was Sie sagen,
(b) nicht etwas anderes macht,
(c) ihr Verhalten ändert,
(d) zu der wird, die Sie in ihr sehen.

In unserem Beispiel ist die erste Aufforderung »Mach, was ich sage!« Daraus wird: »Mach etwas anderes, als was du jetzt gerade tust.« Bis es schließlich heißt: »Sei jemand anderes und so, wie ich dich haben möchte.« Alle wechselseitigen Beziehungen, die, wie in unserem Beispiel, schiefgehen, präsentieren zumindest einige dieser Machtansprüche an den anderen. Welche Art von Macht übt in unserem Fall die Mutter aus? Die Mutter will etwas von dem Kind – Zusammenarbeit, irgendeine Veränderung oder einfach nur Respekt. *Jedesmal, wenn Sie etwas von jemandem wollen, sind Sie in der schwächeren Position, weil die andere Person sich bloß auf den Standpunkt stellen muß, es nicht zu tun!* Und Kinder finden immer einen Grund, etwas nicht zu tun. Und können Sie damit völlig entnerven: »Nein!« Gewöhnlich sagen sie es etwas feiner. Sie sagen: »In einer Minute«, »Später« oder »O.k.«, aber dabei bleibt es auch. Oder sie tun, um was sie gebeten wurden, machen es aber schlecht und nur halbherzig, so daß Sie das Gefühl haben, es besser selbst übernommen zu haben. Womit sie jetzt darüber streiten können.

Mutter: »Das soll Aufräumen sein?«
Kind: »Natürlich, siehst du doch!«

Im Zentrum des Wirbelsturms negativer Beziehungsmuster kämpfen beide von Ihnen um Macht. Sie wollen etwas; Ihr Kind weigert sich, es zu tun. Jetzt wollen Sie es erst recht; aber Ihr Kind weigert sich erneut. Sie versuchen, mit allen Ihren Kräften Ihren Willen durchzusetzen, aber Ihr Kind reagiert einfach nicht mehr.

»Einfache« Umgangsmuster entwickeln sich auf diese Weise zu Teufelskreisen.

Wenn Sie etwas von Ihrem Kind wollen, sind Sie also in der schwächeren Position. Was nicht heißen soll, Ihr Kind niemals um etwas zu bitten. Aber bedenken Sie, daß Sie sich gerade in einer verwundbaren Position befinden. *Weswegen Sie lernen können, Ihre Forderungen so zu stellen, daß Ihre Durchsetzungsmöglichkeiten weniger eingeschränkt werden.*

Stillschweigende Mitteilungen

Ein anderer Bestandteil der Kommunikation und des Umgangs besteht darin, was Sie eigentlich zum Ausdruck bringen möchten. Wir können es auch »stillschweigende Mitteilungen« nennen, die in der Kommunikation mitschwingen. Vielleicht wollen Sie nur, daß überhaupt etwas passiert, oder Sie möchten für ein geregeltes Familienleben sorgen und beanspruchen darüber hinaus, respektiert zu werden. Es schmerzt Sie, wenn das nicht geschieht. Vielleicht befürchten Sie, daß sich Ihr Kind bereits in mancherlei

Hinsicht fehlentwickelt. Das einfache Ersuchen, das Zimmer aufzuräumen, wird plötzlich zu einer sehr komplizierten und bedeutenden Kommunikation und Interaktion.

Was drückt das Kind aus? Ein einfaches »Nein!« kann bedeuten: »Ich möchte nicht wie ein kleines Kind behandelt werden« (ein normaler Vorgang bei der Selbstfindung). Es kann aber auch bedeuten: »Ich will meine Freiheit und meine eigenen Entscheidungen treffen« (Freiheit zu haben steht bei Teenagern hoch im Kurs). »Ich will nicht, daß andere Menschen mein Leben bestimmen«, »Ich will versuchen, wie ein Erwachsener zu sein«, oder: »Ich versuche, meine Identität zu finden als eine Person, die sich von meinen Eltern und meiner Familie unterscheidet.«

Noch einmal: Die stillschweigenden Mitteilungen, mit denen Sie sich verständigen, verleihen allen Kommunikations- und Umgangsmustern eine oft unterschwellige Bedeutung und machen sie dadurch komplizierter als es auf den ersten Blick erscheint. Sowohl für Sie als auch für Ihr Kind ist es wichtig, den Machtkampf zu gewinnen, um sicher zu sein, auch wirklich gehört zu werden. Was dann gleichzeitig bedeutet, daß Ihre tiefen Wünsche oder mitschwingenden Befürchtungen ebenfalls anerkannt und verstanden werden sollen.

Defizitgefühle

Macht und »stillschweigende Mitteilung« sind so wichtig, daß sie bei unbefriedigender Lösung für beide Seiten auf die nächste Auseinandersetzung übertragen werden. Wenn das Kind macht, was Sie von ihm verlangen, aber gleichzeitig fühlt, dabei sein Gesicht zu verlieren, bilden sich Machtdefizite für die nächste Auseinandersetzung, der dann eine entsprechend größere Bedeutung verliehen wird. Der Machtkampf verschärft sich und das explosive Potential für diese Auseinandersetzung nimmt zu.

Genauso ist es, wenn eine der beiden Seiten das Gefühl hat, man höre ihr gar nicht zu: Das Bedürfnis, angehört zu werden, wird das nächste Mal größer. *Jede folgende Kommunikation und Interaktion wird gespannter und möglicherweise explosiver, wenn Machtfragen und »stillschweigende Mitteilungen« nicht geklärt wurden. Denn die Defizite übertragen sich auf die nächste Auseinandersetzung.*

Macht- und Ausdrucksdefizite können auch erklären, warum manchmal nur ein kleines Wort oder ein bestimmter Blick genügen, um »plötzlich« einen heftigen Kampf auszulösen. Es ist nicht der bestimmte Moment oder der bestimmte Blick oder das Wort, was den Kampf auslöst. Der Kampf baute sich vor langer Zeit auf, vielleicht ohne von Ihnen bemerkt zu werden. An diesem Punkt gibt es keine einfache Lösung. Die kleinste Auseinandersetzung kann sich aufgrund von Macht- und Ausdrucksdefiziten hochschaukeln. Jetzt ist Beziehungsarbeit nötig, um den Konflikt zu lösen und zukünftige Konflikte zu vermeiden.

Formen der Unvernunft

Betrachten wir noch einmal das »Argument« des Kindes, als es um das Aufräumen seines Zimmers ging. Ist seine Äußerung: »Es ist mein Zimmer, und ich werde es so lassen, wie ich es will« vernünftig? Und was ist mit der Antwort: »Warum machst du es nicht selber«? Hatte Ihr Kind nicht auch schon andere »lahme« Entschuldigungen oder unsinnige Argumente, wenn es mit Ihnen nicht übereinstimmte, wie zum Beispiel: »Alle meine Freundinnen dürfen das auch.« »Es ist ja nicht gefährlich.« (Von einem Felsen ins Meer zu springen.) »Wenn du mir das erlaubst, bitte ich dich nie wieder um etwas.« »Ich kam zu spät, weil ich meine Uhr nicht dabei hatte. Also kann ich doch nichts dafür.« »Wenn du mir die 200-Mark-Jeans gekauft hättest, würde ich mich nicht so schlecht fühlen und mich auch besser benehmen.«

Sicherlich kennen Sie noch ganz andere unvernünftige Ausreden und haben sich darüber aufgeregt. »Was ist nicht in Ordnung mit meinem Kind? Es ist völlig daneben. Ich muß mich wohl um eine Therapie kümmern.« Ja, manchmal sind unsere Kinder ziemlich unvernünftig.

Aber auch Eltern können unvernünftig sein. Haben Sie nicht irgendwann schon einmal etwas gesagt oder getan, was Sie am nächsten Tag bereut haben? Und sich fest vorgenommen, es nie wieder zu sagen oder zu tun? Sie denken darüber nach und finden heraus: »Ach du meine Güte, ich klinge genau wie meine Eltern!«

Ist das unvernünftig? Wahrscheinlich ist es das.

Halten Sie sich dann allgemein für unvernünftig? Vermutlich nicht. In der Hitze einer eskalierenden Auseinandersetzung verstoßen Sie manchmal schon gegen den einen oder anderen guten Vorsatz, und auch Ihr Kind ist nicht permanent unvernünftig. *In einer negativen Beziehung kommt es auf beiden Seiten zu unvernünftigen Reaktionen. Diese sind ein Produkt der Beziehung und kein permanenter Zustand.* Die Lektionen, die Ihr Kind in seinem ganzen Leben von Ihnen lernte, sind nicht verlorengegangen. Irgendwo stecken sie in ihm. Es kann jedoch nicht nach ihnen handeln, wenn es in einer negativen Kommunikation und Interaktion, das heißt, in negative Umgangsmuster verstrickt ist.

Wenn die Unvernunft oder das Irrationale ein Produkt der negativen Beziehung ist, können Sie durch eine Verbesserung der Kommunikations- und Umgangsmuster die vernünftigen Anteile vermehren. Das Irrationale zeigt Ihnen nur, wie wichtig Machtanspruch und »stillschweigende Mitteilungen« geworden sind. Es geht jetzt nur noch darum, den Streit um jeden Preis zu gewinnen, so daß beide Seiten Zuflucht zu irrationalen Mitteln nehmen (ohne sich dessen bewußt zu sein), um ihr Ziel zu erreichen. Wenn die Macht- und Ausdrucksdefizite reduziert werden, reduziert sich auch das Bedürfnis, unbedingt gewinnen zu wollen.

Denken Sie also daran, daß Ihr Kind durch den persönlichen Umgang mit Ihnen nur dann etwas lernen kann, wenn es nicht zu Formen der Unvernunft Zuflucht nehmen muß. Sie können sich noch so bemühen, ihm etwas verständlich zu machen, ihm jedes seiner »Argumente« widerlegen, es wird dennoch nichts einsehen wollen, solange es einfach nur irrational reagiert. Indem Sie aber versuchen, einen Weg zu gehen, bei dem es die irrationalen Argumente nicht mehr braucht und die vernünftigen Umgangsformen zunehmen, haben Sie weitaus bessere Karten, daß Ihr Kind Ihre sinnvollen Bemühungen und seine eigene Unvernunft einsieht.

Zur Erinnerung: Wichtige Punkte aus Kapitel 2

1.

Die Bedeutung einer Mitteilung liegt in der Interpretation durch den Empfänger.

2.

Jedesmal, wenn Sie von jemandem etwas wollen, sind Sie in einer schwächeren Position, weil die andere Person es bloß zu verweigern braucht.

3.

Machtanspruch und »stillschweigende Mitteilungen« sind in jeder Kommunikation und Beziehung angelegt.

4.

In jedem Kommunikations- und Interaktionsprozeß wird es um so mehr Spannung und möglicherweise Sprengstoff geben, je mehr Macht- und Kommunikationsprobleme ungelöst bleiben.

5.

Irrationales ist das Produkt von negativ gefärbten Kommunikations- und Interaktionsprozessen und tritt dann bei allen am Prozeß Beteiligten auf.

6.

Einschränkung von Irrationalität ist das erste Ziel wirksamer Kommunikations- und Beziehungsformen.

»Wir sind überzeugt, die Wand mehr zu verletzen als uns, wenn wir mit unseren Köpfen durch sie hindurch wollen.«
Howard Bad Hand, 1993

3. Was können wir gegen destruktive Beziehungsmuster tun?

Falls Ihr Problem darin besteht, ständig in Auseinandersetzungen verwickelt zu werden, die sich dann zu bedeutenden Machtkämpfen entwickeln und destruktiv für jeden sind, der damit zu tun hat, ist die einfachste Lösung, damit aufzuhören und nie wieder damit anzufangen. Das ist wohl die Antwort, auf die Sie gewartet haben!

> **Patient:** Herr Doktor, mein Arm schmerzt, wenn ich so mache.
> **Doktor:** Dann lassen Sie das! Das macht 50 Mark!

Aber die Lösung ist in gewisser Hinsicht tatsächlich so einfach: Vermeiden Sie kommunikative Teufelskreise, denn wenn Sie erst einmal darin gefangen sind, wird die meiste Arbeit von Ihnen kommen müssen, wieder aus ihnen herauszukommen.

Warum Ihnen Ihr Kind dabei nicht hilft? Er oder sie ist einfach in der mächtigeren Position. In solch einem Kreislauf bekommt das Kind ein Gespür für

Macht, Kompetenz und Kontrolle. Gewöhnlich ist es ihm gar nicht bewußt. Es hat nur so ein Gefühl, daß es den Kreislauf in manchem kontrollieren kann. Denken Sie daran, daß Kinder sehr wenig Kontrolle über ihr Leben haben. Sie haben keinen Einfluß darauf, wo sie leben, mit wem sie leben, wo sie zur Schule gehen, wer ihre Eltern sind, wer ihre Geschwister sind, wieviel Geld sie haben, was sie gerade machen müssen, welche Gegenstände sie mit in die Schule nehmen dürfen und viele andere Dinge mehr.

Die Kontrolle über etwas zu haben ist äußerst attraktiv und bequem. Ihr Kind möchte nicht unbedingt unter der Kontrolle seiner Eltern oder Familie stehen, sondern sie lieber selbst ausüben. Und oft sind Auseinandersetzungen dieser Art das einzige, bei denen das Kind das Gefühl hat, selber so etwas wie Macht oder Kontrolle in einer Situation ausspielen zu können.

Das Kind ist demnach von sich aus nur wenig motiviert, etwas zu verändern. Wenn Sie also aus diesem Teufelskreis ausbrechen wollen, liegt es an Ihnen, etwas zu ändern.

Es fällt nicht einfach, sich diese Situation einzugestehen, aber noch schwerer fällt es anzuerkennen, daß Sie und Ihr Kind in der Wiederholung solch negativer Kreisläufe eigentlich Bestätigung finden. Sie sind zur Gewohnheit geworden. Überraschungen finden nicht statt. Ihr Kind kennt dieses Spiel, und Sie kennen es auch. Das Kind weiß, wenn es dies oder jenes sagt, werden Sie so und so reagieren. Und Sie wissen, daß Ihr Kind bei bestimmten Aufforderungen sehr wahrscheinlich so oder so reagieren wird. *Auch wenn Sie mit den Reaktionen und Antworten Ihres Kindes nicht glücklich sind, so sind sie immerhin vorhersehbar.* Der Teufelskreis ist also für beide Parteien zur Gewohnheit geworden. Solche negativen Umgangsmuster sind ziemlich geläufig. Wenn Ihr Kind die Auseinandersetzung mit Ihnen sucht, weil es sauer ist, widerspricht oder sich danebenbenimmt, ist es ganz normal, wenn Sie Ihrerseits zornig oder ungehalten reagieren bzw. Druck ausüben. So funktioniert das Spiel, wenn wir immer wieder in dieselben Muster verfallen. Es ist geradezu »natürlich« geworden, so zu handeln. Denn wenn wir angegriffen werden, möchten wir kämpfen. Wenn wir Eltern sind, möchten wir die Kontrolle behalten und erziehen. Es ist nicht falsch oder abnorm, sich zu streiten. Sobald wir merken, machtlos zu sein, oder spüren, daß man uns nicht zuhört, tun wir alles, um diesen Zustand zu verändern. Und trotzdem ist es Zeit, diesen Kreislauf sofort zu unterbrechen, weil die erwünschten Resultate meistens ausbleiben.

Machen Sie etwas anderes!

Um die Beziehung zu verändern, sollten Sie etwas, oder noch besser, alles anders machen.

Etwas anders zu machen ist nicht einfach, weil Ihr bisheriges Verhalten einfach Ihre normale Reaktion darstellte. Das »andere« entspricht nicht Ihren natürlichen Reaktionen. Der Unterschied zwischen der alten und neuen Vorgehensweise muß im übrigen gar nicht immer so groß sein. Im Gegenteil, oftmals handelt es sich auch nur um ein sehr subtiles Vorgehen.

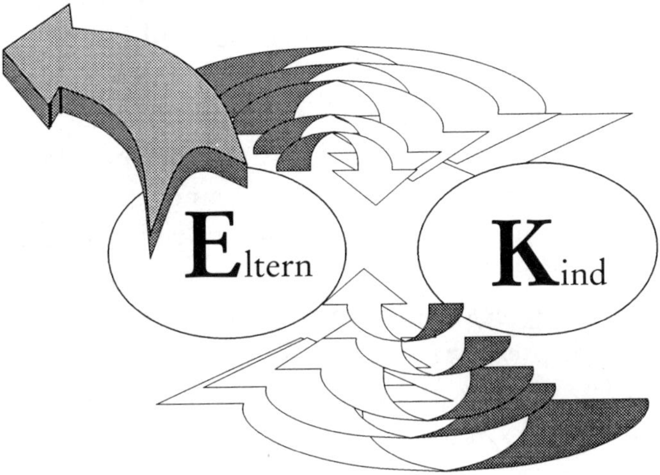

Abbildung 5: Negative Umgangsformen können dadurch unterbrochen werden, indem Sie anders reagieren.

Oft versuchen Eltern, ihr Verhalten für einige Zeit zu verändern, weil sie das alte Verhaltensmuster zuviel Kraft kostet. Aber ihre Versuche, die Beziehung zu verändern, fruchten nicht, obwohl sie doch andere Worte benutzen und sich auch anders verhalten, denn noch immer sind sie es, die die Machtposition beanspruchen. Und das Kind antwortet auf dieses Machtspiel, indem es sein eigenes Machtspiel weiterspielt. Die Worte sind anders geworden, die Beziehung ist es nicht.

Zum Beispiel erzählten mir Eltern, daß sie ihr Kind einfach ignorierten, sobald es anfing zu nörgeln. Damit glaubten sie, sich anders zu verhalten. Aber wie fühlen Sie sich, wenn man Sie ignoriert? Es bringt Sie vielleicht dazu, lauter zu schreien, um Ihren Partner zu zwingen, daß er Ihnen gefälligst zuhört. Jemanden zu ignorieren ist eine sehr einschneidende Maßnahme. Vielleicht stellt auch das Kind seine Kommunikation mit Ihnen ein, ohne daß sich die Beziehung wirklich verändert hat. Noch immer geht es darum, wer der Stärkere ist. Und die nächste Auseinandersetzung wird dann mit diesen unverarbeiteten Macht- und Ausdrucksdefiziten weitergeführt.

Versichern Sie sich, daß Sie Ihr Verhalten wirklich ändern, und nicht nur so tun, als ob. Verlassen Sie die Position des Stärkeren.

Es ist also gar nicht so einfach, sein Verhalten zu ändern. Auf den folgenden Seiten stelle ich Ihnen sechs Handlungsschritte vor, wie Sie nach einem strategischen Plan vorgehen können.

Die sechs Schritte zu einer veränderten Beziehung

1. Eigene Vorbereitung
2. Verhaltensvorhersage
3. Planung
4. Ausführung
5. Positive Eigenanteile
6. Geduld

1. Eigene Vorbereitung

Das Gelingen jedes Planes hängt, mehr als alles andere, davon ab, wie gut Sie ihn vorbereiten. In diesem Fall bedeutet sich vorzubereiten folgendes:

- Erkennen Sie den Kreislauf des Machtkampfes
- Erkennen Sie die Auslöser bei Ihnen selbst bzw. die »Aufhänger«
- Erkennen Sie die Auslöser bei Ihrem Kind bzw. dessen »Aufhänger«
- Erkennen Sie die Symptome eines Machtkampfes.

Die verschiedenen Komponenten eines Machtkampfs zu verstehen ist nicht schwierig. Denken Sie daran und achten Sie darauf, wie sie sich auf alle Ihre Auseinandersetzungen auswirken. Schlagen Sie bei Bedarf im Kapitel 2 nach. Je mehr Sie an die verschiedenen Komponenten denken, um so leichter werden Sie die Struktur eines Machtkampfes erkennen und können ihn von daher auch vermeiden.

Aufhänger oder Auslöser sind die kleinen Vorkommnisse, die den Machtkampf in Gang bringen. Etwas, was zum Beispiel mich, Jamie Raser, aus der Fassung bringt, bei dem ich mich verteidigen muß oder was mich ärgert, muß nicht unbedingt etwas sein, was Sie besonders aufregt. Wichtig ist, daß Sie wissen, was Sie ganz persönlich aus der Fassung bringt.

Aufhänger können bestimmte Blicke, der Tonfall, bestimmte Worte oder besondere Handlungen sein. Regt Sie zum Beispiel der Blick Ihres Kindes auf, wenn Sie ihm einen Auftrag erteilen? Dieser Blick: »Ich mache ja schon, wenn es unbedingt sein muß, auch wenn es völlig egal ist.« Ergibt sich dann daraus ein Gespräch über seine widerspenstige Herangehensweise, was Ihr Kind Ihnen gegenüber natürlich abstreiten wird, was wiederum dazu führt, daß Sie ihm vorwerfen, nicht die Wahrheit zu sagen, worauf es dann gänzlich widerwillig reagiert? Dieser eine Blick wird also solange der Ausgangspunkt einer sich aufschaukelnden Auseinandersetzung sein, bis Sie ihn als eigentlichen »Aufhänger« erkennen und lernen, ihn einfach auszublenden.

Ihr Kind hat auch »Aufhänger«. Es gibt womöglich Zeiten, an denen Ihr Kind streitbarer und ablehnender ist, etwas zu befolgen. Wenn es gerade seine Lieblingssendung im Fernsehen sieht, wird es sicherlich aufgebracht sein, wenn es den Mülleimer leeren soll. Wenn Sie Ihre Bitte wie eine Nachfrage formulieren (hast du den Mülleimer geleert?), aktivieren Sie mit Sicherheit sein automatisches Abwehrsystem. Achten Sie darauf, wann und wie Sie mit Ihrem Kind verhandeln. Wenn viele Ihrer Aktionen unbefriedigend sind, versuchen Sie den Zeitpunkt und die Formulierung zu verändern.

Beachten Sie die Symptome eines Machtkampfes. Wenn Sie sich beide die Lunge aus dem Hals schreien, liegt es nahe, daß Sie sich in einem Machtkampf befinden, ist aber auch zu spät, all das Negative, was diese Auseinandersetzung mit sich bringt, zu vermeiden. Beachten Sie also schon die ersten Anzeichen für eine entsprechende Auseinandersetzung.

- Spüren Sie diese kränkende Spannung in Ihrem Kopf oder Bauch?
- Wird Ihre Stimme lauter?
- Merken Sie, wie sich Ihr Ärger immer mehr aufbaut?
- Fühlen Sie sich frustriert?
- Spüren Sie Ärger oder Frustration bei Ihrem Kind?
- Haben Sie den Eindruck, daß Sie zu viel erklären?
- Verteidigen Sie sich selbst?

Das können Sie tun:

- Erinnern Sie sich an Kapitel 2
- Erstellen Sie eine Liste von allen Auslösern und schreiben Sie jedes Mal dazu, wenn Ihnen ein neuer Auslöser bewußt wird
- Erstellen Sie eine Liste von den Auslösern bei Ihrem Kind
- Machen Sie eine Liste für die ersten Anzeichen, wann der Machtkampf einsetzt.

2. Verhaltensvorhersage

Die meisten Eltern, mit denen ich sprach, fanden, daß die Probleme mit ihren Kindern nicht neu waren. Es gäbe sie schon seit Monaten oder sogar Jahren: »Ich habe es ihm wieder und wieder gesagt. Er hört einfach nicht zu. Es scheint, als drehten wir uns permanent im Kreis!« Die Erfahrung, sich ständig zu wiederholen, ist ausgesprochen frustrierend und kann Eltern zermürben. Allerdings bergen solche sich ständig wiederholenden Szenen auch einen positiven Aspekt. Da

Sie dieselbe Situation schon sehr oft erlebt haben, können Sie die Handlungen oder Worte Ihres Kindes vorhersagen. Genauso können Sie Ihre eigenen Handlungen oder Worte prognostizieren. Tatsache ist, daß die ganze Situation zu einem spannungsgeladenen »Tanz« geworden ist, dessen Schrittfolge Sie genau kennen. Ertönt die Musik, gehen beide blind und automatisch in dieselbe Richtung.

Wenn Sie die Schritte voraussagen können, können Sie sie auch verändern. Wenn Sie sich bewußt sind, immer nach derselben Musik zu tanzen, können Sie auch damit aufhören.

Stellen Sie sich folgende Fragen:

- Wie wird mein Kind in dieser Situation reagieren?
- Was wird es sagen? Auf welche Weise wird es mich zum Tanz auffordern?
- Was wird der Aufhänger sein?
- Was ist mein erster Schritt bei diesem Tanz?

3. Planung

Wenn Sie nun mit dem Wissen über Wechselwirkungen und Voraussagen, wie eine Situation entstehen kann, ausgerüstet sind, wenn Sie sehen können, wie eine Auseinandersetzung stattfindet, so als liefe eine Video-Cassette in Ihrem Kopf ab, sind Sie auch in der Lage zu planen.

Was werden Sie anderes sagen oder tun als vorher? Die Kernsätze über strategische Redewendungen (siehe den Kasten auf dieser Seite) bieten sich als Starthilfe an. Dort finden Sie Redewendungen, die Ihnen helfen sollen, einen Machtkampf zu vermeiden und Zeit zu finden, um über Ihre nächsten Antworten nachzudenken.

- Welche Redewendungen werden Sie nicht vergessen und gebrauchen?
- Wie ist Ihr Spielplan, um einen Machtkampf zu vermeiden?
- Wie wollen Sie mit den Aufhängern Ihres Kindes weiterhin umgehen?

Strategische Redewendungen

Die folgenden Redewendungen sollten Sie ausprobieren, wenn Sie instinktiv wieder genauso reagieren wollen wie bisher, vielleicht sogar noch heftiger. Sie können diesen Redewendungen natürlich auch eigene hinzufügen. Die Möglichkeiten sind unbegrenzt, so lange sich das, was Sie tun, von dem unterscheidet, was Sie bisher getan haben.

- »Super«
- »So habe ich noch nie darüber gedacht.«
- »Ich weiß nicht, ob ich dich richtig verstanden habe. Kannst du mir etwas mehr darüber sagen?«
- »Es sieht so aus, als hätte ich dich geärgert.«
- »Ich weiß, daß du jetzt wütend bist, aber wer die Regeln verletzt, muß die Konsequenzen tragen. Das bedeutet für dich, heute abend zu Hause zu bleiben (zwei Tage kein Telefon, usw.).«

- »Das finde ich sehr interessant.«
- »Nenn mir eine Alternative.«
- »Es tut mir leid.«
- »Was denkst du darüber?«
- »Was glaubst du, könnte passieren?«
- »Ich muß erst eine Weile darüber nachdenken.«
- »Ich verstehe, warum du aufgeregt (wütend, frustriert usw.) bist.«
- »Ich wünsche mir, daß es besser mit uns laufen würde. Laß mich bitte wissen, wenn du eine Idee hast, wie das funktionieren könnte.«
- »Es sieht so aus, als kämen wir so nicht weiter. Laß uns ein anderes Mal darüber reden.«

4. Ausführung

Sobald Sie Ihren Aktionsplan entworfen haben, üben Sie ihn, bis er Ihnen ganz geläufig ist und sich automatisiert hat. Bemühen Sie sich um Beistand bei Ihren Freunden oder Ihrem Ehepartner. Lassen Sie diese ruhig einmal die Rolle Ihres Kindes spielen. Probieren Sie ein paar der strategischen Redewendungen aus, und achten Sie dabei auf die Reaktionen der anderen.

- Fühlen Sie sich weniger animiert, mit ihnen zu streiten?
- Haben Sie das Gefühl, als würden Ihnen die Argumente ausgehen?
- Fühlen Sie sich »gehört« und respektiert, oder fühlen Sie sich manipuliert und überfordert?
- Haben Sie sich selbst und die Diskussion unter

Kontrolle, auch wenn Sie im Moment noch keine Kontrolle über Ihr Kind haben?

5. Positive Eigenanteile

Wie in Kapitel 2 besprochen, ist es wichtig, beide Seiten der Beziehung zu pflegen. Einerseits das Kind zu lenken und zu erziehen (geschäftliche Ebene) und andererseits auf das Kind zuzugehen, ihm Wärme zu geben und es respektvoll zu behandeln (persönliche Ebene). Wenn ein Kind »sein Gesicht verliert«, verliert es damit auch sein Selbstwertgefühl. Das macht es möglicherweise so ärgerlich, daß es versucht sich zu rächen.

Wenn das Kind tut, was Sie verlangen oder wenigstens einen Ansatz dafür zeigt, können Sie sagen: »Danke, daß du dein Zimmer aufgeräumt hast. Ich finde das wirklich prima von dir!« Auch wenn Sie eine negative Konsequenz durchsetzen müssen, können Sie das durchaus auf eine herzliche Art tun. Sie können zum Beispiel sagen: »Da du dein Zimmer nicht aufgeräumt hast, wie wir es vereinbart hatten, muß ich dir leider sagen, daß du Freitagabend nicht weg darfst. Ich wünschte, das wäre nicht passiert, denn ich weiß, daß du gerne ins Kino gehen wolltest. Hast du eine Idee, wie wir auch ohne irgendwelche Bestrafungen miteinander auskommen können?«

6. Geduld

Und zum Schluß: Haben Sie Geduld! Veränderungen in der Beziehung zu Ihrem Kind sind nicht einfach zu bewerkstelligen, und auch wenn Sie hier und da Erfolg haben, ist ein unverzügliches Ergebnis nicht garantiert. Halten Sie ihre Augen für Veränderungen trotzdem offen. Vielleicht bemerken Sie bei der Anwendung der strategischen Redewendungen, daß Ihr Kind einfach noch nicht weiß, wie es sich verhalten soll. Es ist an den Machtkampf gewöhnt und geht nach wie vor davon aus, daß es ihn schließlich gewinnen wird. Wenn Eltern sich weigern, dieses Spiel fortzusetzen, verliert das Kind seine bisherige Position. Eltern haben mir berichtet, daß Ihre Kinder zögerten und nach Worten und Argumenten suchten, um sie wieder in einen Machtkampf zu verstricken.

In schwierigen Situationen stellen sich die Ergebnisse nicht so schnell ein, aber jedesmal, wenn Sie einen Machtkampf vermeiden und statt dessen eine »strategische Redewendung« benutzen, jedesmal, wenn die Auseinandersetzung etwas positiver abgeschlossen wird, erhöht sich die Chance um einiges, daß es beim nächsten Mal noch besser geht. Mit der Zeit werden die Gespräche dann immer positiver und produktiver. Auf jeden Fall werden sie weniger anstrengend, und Sie haben an Ihrem Kind wieder mehr Freude.

Wenn Eltern nicht in die Fallen Ihrer Kinder tappen und statt dessen strategische Redewendungen benutzen, beruhigt sich die Atmosphäre. Auseinandersetzungen verlaufen reibungsloser, und die Gefühle und die Beziehung werden positiver.

Andere wichtige Gesichtspunkte:

Eine andere Position einnehmen

Eltern gehen meist aus einer Position von Macht und Autorität mit ihren Kindern um. Gestaltet sich der Umgang miteinander schwieriger, ergibt sich dann ein Teufelskreis, der es dem Kind aus den bereits angegebenen Gründen erleichtert, gegen sie zu rebellieren. Jetzt ist es an der Zeit, eine andere Position einzunehmen, was sicherlich nicht leichtfällt, zumindest, solange man sie noch nicht ausprobiert hat. Aber dann ist der Wechsel für beide Seiten eindeutig von Vorteil.

Die Macht- oder Autoritätsposition machte Sie schwach und hilflos gegen die Aufsässigkeit Ihres Kindes, zu der Ihre Haltung ermutigt und beiträgt. Eine andere Position einzunehmen wird das Beziehungsmuster in jedem Fall verändern. Jetzt übernehmen Sie die Initiative. In der Machtposition konnten Sie nur »stark« sein, aber im Moment hilft Ihnen solche Stärke nicht, sondern verletzt Sie nur.

Denken Sie also daran: Die Lösung aus dem Dilemma besteht meistens darin, etwas anders zu machen. Wenn Sie in der Ausgangssituation verharren, können Sie nichts ändern.

Einige Beispiele für andere Positionen sind:

1. neugierig
2. beruhigend
3. entschuldigend
4. zuhörend
5. schwach
6. betroffen
7. hilfreich
8. tolerant
9. warmherzig
10. kooperativ

Wenn Sie irgendeine dieser Positionen einnehmen, berauben Sie sich mehr oder weniger der Möglichkeit, einen Machtkampf zu beginnen.

Neugierig. Wenn Ihr Kind sich weigert, etwas zu tun, wird es für das Kind schwierig, mit Ihnen zu streiten, wenn Sie aufrichtig neugierig sind und fragen, warum.

Beruhigend. Weil Wut und Machtausübung zusammengehören und das Kind gelernt hat, wie es Sie in Wut versetzt, stellt Ihr beruhigender Einfluß eine völlig andere Reaktion dar, als sie Ihr Kind erwartet. Möglicherweise verstärkte Ihr eigener Ärger den Ärger Ihres Kindes, und die Ruhe, die Sie jetzt ausstrahlen, kann die Auseinandersetzung entkrampfen und vernünftiger gestalten.

Entschuldigend. Autoritäre Personen entschuldigen sich nie. Sie versuchen andere davon zu überzeugen, daß nur sie im Recht sind und stärken damit die Argumente, die sich gegen solch autoritäres Verhalten richten. Sich zu entschuldigen könnte das Kind davon abhalten, seine eigenen Fehler zu rationalisieren und seine ganze Energie dafür aufzuwenden, um Ihnen nachzuweisen, daß Sie falsch liegen.

Zuhörend. Denken Sie daran, daß zu jeder wechselseitigen Beziehung auch die »stillschweigenden Mitteilungen« gehören. Wenn Sie nicht wirklich zuhören, können Sie auch nicht herausbekommen, was Ihr Kind Ihnen eventuell sagen möchte. Statt dessen wird es die negative Beziehung solange verstärken, bis Sie endlich zuhören.

Schwach. Letztendlich bedeutet Schwäche zu zeigen das Gegenteil von Macht. Wenn Sie sich in einer schwächeren Position zeigen, provozieren Sie auch keine Gegenmacht. Statt dessen können Sie zuhören, beruhigen, neugierig oder nachsichtig sein. Schwäche zu zeigen fällt den meisten Eltern nicht leicht, kann aber Ausgangspunkt dafür sein, negative Beziehungsmuster in positive umzuwandeln. Eine schwache Position einzunehmen erlaubt Eltern oft, aus dem negativen Kreislauf herauszukommen und zu einer anderen Form der Kommunikation zu finden.

Die Liste der alternativen Positionen ist nicht vollständig. Vielleicht finden Sie noch andere. *Jede Position, die keinen Teufelskreis provoziert, ist nützlich.*

Bei allem müssen Sie Flexibilität zeigen. Denn eine Machtposition einzunehmen muß ja nicht unter allen Umständen schlecht sein, zum Beispiel, wenn es um eine gemeinsam verabredete Konsequenz geht. Stets sollten Sie, wenn Ihre Position zu keinem positiven Ergebnis führt, in der Lage sein, sie zu wechseln. Zum Beispiel ist Neugierde zu zeigen nicht immer von Vorteil. Oft ist es besser, einfach nur zuzuhören (zuhörende Position) und dann erst Fragen zu stellen.

Man braucht viel Kenntnis und Praxis, um sich von der einen Position in die andere begeben zu können, je nachdem, wie es die Situation erfordert. Fortwährend aufzupassen, wie Ihr Kind auf die Position, die Sie einzunehmen versuchen, reagiert, benötigt ein flexibles Maß an Aufmerksamkeit. Also müssen Sie die Positionen auch entsprechend ändern.

Sinnvolles Einnehmen der Position

Erinnern Sie sich daran, daß die Bedeutung einer Mitteilung davon abhängt, wie sie der Empfänger der Mitteilung interpretiert. Dieselbe Dynamik ergibt sich auch beim Einnehmen einer bestimmten Position. Wenn Sie beabsichtigen, eine neugierige oder zuhörende Position einzunehmen, schreibt Ihnen Ihr Kind vielleicht dennoch eine mächtige Position zu. Sie können also nicht erwarten, daß Ihr Kind Ihre Position automatisch so interpretiert wie Sie. Sie müssen dieser Position entsprechend handeln und sie darstellen. Ihr Sprechen und Handeln müssen demonstrieren, daß Sie sich in dieser und keiner anderen Position befinden. Die Position wird durch Ihre Aussagen und durch Ihr Handeln definiert, nicht durch Ihre Absicht!

Anfänglich mag Ihr Kind nicht glauben, daß Sie Ihre Position und Ihr Beziehungsmuster wirklich verändert haben. Es wird beobachten, was Sie als nächstes tun. Haben Sie ihm aber demonstriert, daß Sie jetzt auch anders handeln, kann es lernen, sich auf Ihre neue Position einzulassen.

Versuchen Sie doch, an Ihrem Kind wieder mehr Freude zu haben. Ist der Punkt erreicht, an dem sich eine Mutter oder ein Vater nahezu ausschließlich in einem negativen Kommunikationsmuster mit dem Kind befindet, gilt es, positive Beziehungsmuster zu entwickeln. Zuvor müssen aber einige Auseinandersetzungen in Kauf genommen werden, denn Wut und Ärger sind weiterhin latent vorhanden. Und da sie sich in einem Machtkampf befinden, sind beide Seiten auf der Hut, weil sie Angst haben, die Schlacht zu verlieren. Keiner hat mehr Freude am anderen. Die positive, persönliche Seite der Beziehung ist abhanden gekommen.

Um die Beziehung zu verändern, sollte man sich also auf freudvolle Begegnungen, wie es sie in der Vergangenheit sicherlich auch gegeben hat, zurückbesinnen. Auch wenn es schwerfällt und Sie sich mitten in einer ausgesprochen negativ erlebten Beziehung zu Ihrem Kind befinden. Denn jetzt brauchen Sie viel Erfindungsgabe, um Wege zu finden, Ihr Kind dennoch positiv zu erleben. *Sich an dem Kind zu erfreuen, oder es mindestens zu versuchen, ist auch ein Mittel, die Beziehung zu verändern.* Entsprechend lautet die Botschaft an Ihr Kind: »Ich gebe den Machtkampf auf. Ich will eine gute Beziehung zu dir. Ich will dich nicht tyrannisieren.« Auch nach oder sogar während spannungsgeladener Momente freundlich zu dem Kind zu sein setzt ein deutliches Zeichen, daß die Eltern diese wichtige Positionsveränderung schaffen wollen.

Je mehr die Eltern die negativen Kreisläufe durchbrechen, um so leichter fällt es, positiver zu agieren. Am Anfang jedoch steht immer die ganz bewußte Anstrengung. Hier sind einige Vorschläge, um die einstmals angenehm empfundene Beziehung wieder aufzunehmen.

Sprechen Sie mit Ihrem Kind über etwas, was es besonders interessiert (z.B. Fußball, Musik, Frisuren, Kleidung). Denken Sie daran zuzuhören. Lernen Sie Ihr Kind kennen.

Bieten Sie ihm eine Beschäftigung an, die ihm Spaß macht. Sehen Sie es nicht als »Geben« oder gar »Bestechung«, sondern betrachten Sie es wie einen Familienausflug, an dem auch Sie Ihre Freude haben.

Äußern Sie sich Ihrem Kind gegenüber unbedingt positiv. Hat es Humor? Ist es energisch? Ist es erfinderisch? Kann es gut beobachten? Sieht es gut aus? Kennt es die neuesten Trends? Traut es sich stets etwas Neues zu? Ist es freundlich und scheint bei anderen beliebt zu sein? Ist es loyal? Ist es schöpferisch? Ist es willensstark und unabhängig? Sogar das Negative kann positive Seiten in sich verbergen. Die schöpferische Mutter (Vater) wird diese kleine Spur finden, und durch positive Aussagen verstärken.

Erwähnen Sie positive Erinnerungen, die Sie mit Ihrem Kind teilen. »Weißt du noch, als wir zusammen im Freizeitpark (im Zoo, am Meer, usw.) waren? Ich habe das sehr genossen.« Das reicht schon aus, denn gerade eine positive Erinnerung an etwas eignet sich oft als ein positiver Aufhänger.

Seien Sie sich der Gefühle, die Sie in der negativen Beziehungsgestaltung haben, bewußt, aber vergessen Sie nicht, daß es immer wieder auch schöne Zeiten gab, und Sie sich Ihrem Kind verbunden fühlten. Sagen Sie ihm zum Beispiel, daß es Ihnen manchmal fehlt, nichts mehr mit ihm zu unternehmen. »Wir reden kaum noch miteinander, ich weiß gar nichts mehr von dir!« Danach verlassen Sie den Raum. Vielleicht erreichen Sie, daß Ihr Kind jetzt etwas empfindet. Es mag sein, daß es sich nichts anmerken läßt und Ihre Äußerung dennoch als Zeichen dafür sieht, daß Sie es trotz der momentan schlechten Beziehung noch lieben, daß es mehr in Ihrer Beziehung gibt, als nur die negative Seite.

Was Sie auch in bezug auf die oben angegebenen Möglichkeiten unternehmen, immer bedeuten Ihre Anstrengungen, daß sie etwas *anderes* wollen, als nur den Machtkampf fortzusetzen. *Etwas anders zu machen ist der erste Schritt in Richtung von Veränderung.*

Ein lehrreiches Beispiel

Betrachten Sie noch einmal unser Ausgangsbeispiel in Kapitel 2, als das Kind die Eltern über das Aufräumen seines Zimmers in eine negative Auseinandersetzung zwang.

> **Eltern:** Bitte räum dein Zimmer auf.
> **Kind:** Hör auf mir zu sagen, was ich zu tun habe.
> **Eltern:** Sprich nicht in diesem Ton mit mir.

Bieten die »strategischen Redewendungen« hier irgendeine Hilfe an?

> **Eltern:** Bitte räume dein Zimmer auf.
> **Kind:** Hör auf mir zu sagen, was ich zu tun habe.
> **Eltern:** (Pause) Es scheint, daß ich dich mit meiner Bitte aufrege. Warum denn?

Stellen Sie sich vor, Sie wären an dieser Auseinandersetzung beteiligt. Halten Sie es für möglich, daß die Atmosphäre im zweiten Fall etwas weniger spannungsgeladen ist? Wenn Sie die Redewendungen mit aufrichtigem Bedenken und ehrlicher Neugier (erinnern Sie sich an Ihre Position) vorbringen, laden Sie eher zu einem Dialog als zu einem Machtkampf ein. Schon dann, und manchmal sehr schnell, gerät der Kreislauf ins Stocken.

Stellen wir uns vor, wie sich das Gespräch weiter entwickelt; um es schwieriger zu machen, gehen wir von einem Kind aus, das an negativ sich aufschaukelnde Beziehungen gewöhnt ist und es gut versteht, seine Eltern dort hineinzuziehen.

> **Eltern:** (Pause) Es scheint, ich habe dich wütend gemacht. Kannst du mir den Grund dafür nennen?
> **Kind:** Du willst mir immer sagen, was ich zu tun habe!
> **Eltern:** O.k., es tut mir leid. Ich denke, niemand mag gerne gesagt bekommen, was er zu tun hat. Mir war nicht klar, daß ich das so oft mache. Ich will versuchen, in Zukunft darauf zu achten.

Sie werden vielleicht denken: »Was für ein Schwächling, dieser Vater!« Der nimmt ja eine entschuldigende, zuhörende Position ein. Einige von Ihnen mögen also denken, daß es sich um eine schwache Position handelt. Außerdem bekommt dieser Vater für seine »strategischen Redewendungen« nichts zurück. Aber Sie müssen zugeben, daß an dieser Stelle nicht gleich gekämpft wurde.

Erinnern Sie sich, wie schnell die andere Auseinandersetzung häßlich wurde? Mindestens diesbezüglich ist die Atmosphäre ruhiger; es gibt keinen Kampf, und noch hat niemand auf irrationale »Argumente« zurückgreifen müssen. Weil die Auseinandersetzung nicht so verlief, wie das Kind erwartete, ist es wahrscheinlich ein bißchen aus dem Gleichgewicht und etwas unsicher, wohin das Ganze führt. Jetzt muß es aufpassen, anstatt die Eltern automatisch in einen negativen Kreislauf zu verwickeln. Außerdem braucht es seine Verteidigungshaltung nicht zu verstärken, seit es scheint, daß die Eltern seinen Bedenken und Einwänden Gehör schenken. Eventuell wird es sich nach dieser Auseinandersetzung allgemein besser fühlen.

Aber lassen Sie uns mit unserer angenommenen Auseinandersetzung weitermachen.

Vater: Ich werde versuchen, es in der Zukunft zu beachten.
Kind: Hm. O.k.
Vater: Mittlerweile sind wir uns einig, daß dein Zimmer aufgeräumt werden muß. Du magst das Nörgeln nicht, und ich mag es auch nicht. Warum schlägst du mir nicht einfach eine Alternative vor? Laß uns morgen früh um 9 Uhr zusammensetzen und genauer darüber sprechen.

Gut, was denken Sie jetzt? Es hat keinen Kampf gegeben. Der Vater gab dem Kind nur wenig Möglichkeit zu rebellieren und wurde auch nicht in einen negativ sich aufschaukelnden Kreislauf hineingezogen. Er hat eine respektvolle Haltung bewahrt und achtete dennoch ruhig darauf, die Problemlösung im Auge zu behalten. So ist die Chance, eine beiderseitige, befriedigende Lösung zu finden, ziemlich groß, es sei denn, die bisherige negative Kommunikation hat bei den beiden schon zu tiefe Spuren hinterlassen.

Aber auch wenn es eine lange Geschichte negativer Kreisläufe gab, ist die Chance gegeben, zu einer befriedigenden Lösung zu kommen. Es wird nur ein wenig länger dauern. Das Kind ist daran gewöhnt, sich gegen eine Machtstellung zu verteidigen und durch eigene Machtausübung stärker zu werden. Machtspiele sind seine einzige Erfahrung mit Eltern und mit Erwachsenen überhaupt.

Wenn Sie auf einmal etwa anderes tun, weiß das Kind nicht, was los ist. Eher denkt es sich: »Ist ja nur ein neuer Trick. Was will er eigentlich mit seiner albernen ›Alternative‹. Ich bin doch nicht so blöd, darauf reinzufallen.«

Jetzt geht es um Vertrauen. Das Kind glaubt nicht, daß Sie aus Ihrer Machtrolle aussteigen und eine ihm gleichwertige Position einnehmen. Es wird weiter versuchen, Sie zurück in den bisherigen Teufelskreis zu ziehen, und zwar solange, bis es an Vertrauen gewinnt, daß Sie die neue Position nicht bloß als eine neue Machttechnik benutzen. So mag es für eine Weile der kleine widerliche Teufel bleiben, den Sie kennen. Mit Geduld und Vertrauen in diese Art der Erziehung und indem Sie Ihren Reaktionen in dieser Situation bewußt Aufmerksamkeit schenken, werden sich die Kreisläufe und die Beziehung eventuell verändern.

In manchen Fällen ist die Beziehung allerdings so negativ, daß ein Kind ernsthaft gefährdet ist, sein Leben zu ruinieren, wenn nicht deutlich und bestimmt eingegriffen wird. Manchmal müssen Kinder eine Weile ihr Heim verlassen. Aber selbst dann wird sich die Beziehung zu Ihrem Kind verbessern und erholen, wenn die Eltern, so wie wir es besprochen haben, beginnen, etwas zu verändern. *Es ist nie zu spät, die Beziehung zu verbessern.*

Die Ergebnisse

Sie sollen Ergebnisse beim Benutzen »strategischer Wechselwirkungen« sehen, und Sie sollen sie möglichst unverzüglich sehen. Eltern, die fähig waren, aus negativen Wechselwirkungen auszusteigen, berichten, wie schnell sich bedeutende Veränderungen einstellten. Ein paar Punkte, die Sie sich merken sollten:

Die Spannung zwischen Eltern und Kind *nimmt ab,* und es kommt zu keinem Kampf.

Das Kind scheint etwas zu *vermissen.* Es weiß tatsächlich nicht, was es als nächstes sagen soll.

Der Gesichtsausdruck des Kindes macht bei der Vorstellung, was eigentlich passiert ist, einen etwas ratlosen Eindruck, und das Kind fragt sich, was als nächstes passieren wird.

Nicht mehr die Eltern verfolgen das Kind mit der Absicht, es zu verändern, während es vor ihnen flieht, sondern plötzlich verfolgt das Kind die Eltern, um zu versuchen, sie zurück in die schwächere Position der negativen Kreisläufe zu zwingen.

Die Macht ist plötzlich auf die Eltern übergegangen.

Diese Veränderungen sind der Anfang vom Ende der Probleme. Jetzt geht es nicht mehr darum, das

Kind zu kontrollieren, sondern die Kreisläufe. Das unerwünschte Verhalten mag kurz noch einmal aufflackern, wenn das Kind versucht, Macht und Kontrolle zurückzugewinnen. Aber wenn die Eltern weiterhin strategisch auf die Beziehung einwirken, wird das Kind gezwungen, rationaler, verantwortungsvoller und kooperativer zu denken und sich entsprechend zu verhalten.

»Kooperation läßt sich nicht befehlen«
Jamie Raser

4. Strategische Umgangsmuster in Aktion: »Was mache ich, wenn mein Kind seinen häuslichen Pflichten nicht nachkommt?«

In diesem Kapitel wollen wir ein Modell für ein besseres Verständnis dafür aufzeigen, warum Kinder manchmal keine Kooperation zulassen und wie Sie als ein Elternteil damit besser umgehen können. Wir wollen das Problem an dem bereits bekannten Sachverhalt illustrieren, warum Kinder ihren häuslichen Pflichten nicht nachkommen. Ziel dieses Kapitels ist ein erweitertes Verständnis für strategische Umgangsmuster. Zusätzlich sollen aber auch spezifische Punkte des »Zimmer-aufräumen-Problems« angesprochen werden.

Denken Sie bitte daran, daß die genauen Worte und Redewendungen, die in den folgenden Beispielen benutzt werden, weniger wichtig als das Konzept selbst sind. Vielmehr geht es um die allgemeine Philosophie und das genauere Verständnis für Fluß und Rhythmus strategischer Umgangsmuster, die Sie lernen wollen. Ich will Ihnen zeigen, was strategische Umgangsmuster bzw. alternative Lösungen bewirken können, wenn das Kind die Eltern in eine negative Auseinandersetzung zwingen will. Achten Sie besonders darauf, welche Position der Vater/die Mutter einnimmt, wenn es zum Streit kommt. Beachten Sie auch, was der Vater oder die Mutter von seinem Kind möchte, wenn es einfach nur ablehnend reagiert. Das kann mitunter sehr wenig sein. Ein Problem entsteht immer dann, wenn einer etwas von dem anderen will.

Zimmeraufräumen – ein leidiges Thema

Lassen Sie uns noch einmal auf das ursprüngliche Beispiel aus Kapitel 2 und 3 zurückkommen. Wir wissen, daß das Kind beim Thema »Zimmeraufräumen« bisher schnell wütend und widerspenstig wurde und die Eltern entschieden haben, ihre Strategie zu verändern. Ich habe gesagt, wie wichtig die Position ist, aus der heraus die Aufforderung erfolgt. Wie schon erwähnt, lassen sich alle Äußerungen von seiten der Eltern immer auch als persönliche Äußerungen auffassen.

Vater: Hallo, ich frage mich, ob du nicht dein Zimmer aufräumen könntest.
Kind: Nein, kann ich nicht.
Vater: Oh. (Pause) Wie das?
Kind: Weil ich jetzt keinen Bock habe.
Vater: Es tut mir leid, wenn du nicht gut drauf bist. Ist alles O.k.? (Besorgt)
Kind: Ja, doch. Nur habe ich gerade keine Lust, mein Zimmer aufräumen.
Vater: Machst du es dann später?
Kind: Ja. Später.
Vater: Bitte sag mir Bescheid, falls ich etwas für dich tun kann.
Kind: O.k.

An diesem Punkt des Gesprächs verläßt der Vater den Raum.

So, und wieder wurde das Zimmer nicht aufgeräumt, stimmt's? Aber es gab keinen Kampf und das Kind verlor nicht das Gesicht oder mußte auf irrationale »Argumente« zurückgreifen. Der Vater hat sich als ruhig, verstehend und willig präsentiert, zuzuhören und zu helfen. Je nachdem, was als nächstes geschieht, ist die Ausgangsposition für den Vater erst einmal positiv, um mit seinem Kind im Gespräch zu bleiben. Er hat durch die vermeintliche Aufgabe der Macht nicht viel aufgegeben, aber dem Kind den Vorwand genommen, einen Streit vom Zaun zu brechen.

Stellen wir uns vor, daß der erste Teil der Unterhaltung irgendwann nachmittags stattfand. Jetzt ist es 20 Uhr, derselbe Tag:

> **Vater:** Ich sehe, daß dein Zimmer nicht aufgeräumt ist. Ist etwas los mit dir?
> **Kind:** Nein.
> **Vater:** Gut, das Aufräumen des Zimmers gehört dazu, um uns im Haushalt zu unterstützen (geschäftliche Ebene).
> Wie können wir das besser hinbekommen? (Persönliche Ebene)
> **Kind:** Ich weiß nicht.
> **Vater:** Gut, könntest du darüber nachdenken? Ich will nicht, daß es zu einem Problem zwischen uns wird. (Unterstützend, Geschäftsseite) Darum werden wir morgen früh noch einmal darüber sprechen. O.k.?
> **Kind:** O.k.
> Ende der Diskussion.

Jetzt setzt der Vater das Kind ein wenig mehr unter Druck, aber fällt noch nicht in die Rolle des Mächtigen. Er ist noch neugierig, besorgt und zuhörend. Er verläßt sich auf die Absprache über das Aufräumen anstatt auf seine Autorität. Er hat das Kind gebeten, darüber nachzudenken, ohne zu fordern, daß das Kind daran denkt. So wird es für das Kind wahrscheinlich schwerer werden, mindestens nicht hin und wieder von selbst daran zu denken.

Am nächsten Morgen:
Vater: Bist du mit irgend etwas weitergekommen?
Kind: Nein.
Vater: Kann ich etwas tun, um dir zu helfen? (Hilfsbereit, aber die Geschäftsseite nicht aufgebend)
Kind: Nein.

Noch später, vielleicht am nächsten Tag um die Mittagszeit:
Vater: Wie weit bist du gekommen?
Kind: (ergeben oder aufgebracht) Ich werde jetzt aufräumen.
Vater: Großartig! Danke! (Die Würdigung positiver Anteile aus den 6 Schritten)
Das Kind räumt auf.

Soweit, so gut, aber was würde geschehen, wenn das Kind sein Zimmer immer noch nicht aufräumt? Vielleicht gab das Kind nur nach, um den Vater zu besänftigen?

Vater: Oh! Ich dachte, du würdest dein Zimmer aufräumen! (Neugierig). Was ist los?
Kind: Ich hab es wohl vergessen.
Vater: Nun gut, ich muß dir sagen, daß ich darüber sehr enttäuscht bin. Erinnerst du dich? Wir hatten abgemacht, daß du diese Woche kein Taschengeld (oder etwas anderes, was dem Kind wirklich etwas bedeutet!) bekommst, wenn du nicht aufräumst. Ich denke, das wird geschehen müssen. Es tut mir leid.

Bestrafung und Konsequenzen wurden in diesem Fall eingehalten, weil das Kind zu keiner Zusammenarbeit bereit war, obwohl der Vater eine andere Haltung und Position zeigte, als Macht oder Autorität zu demonstrieren. Dadurch wurden die Spannungen vermindert und die Möglichkeit von Rebellion und Irrationalität reduziert. Dem Kind wurde die Möglichkeit geboten, das nächste Mal mehr Kooperationsbereitschaft zu zeigen.

Warum könnte das Kind das nächste Mal eher zur Zusammenarbeit tendieren? Weil es nicht viel zu kämpfen gibt. Der Vater war die ganze Zeit freundlich (entschuldigt sich sogar dafür, die Vereinbarung durchzusetzen), behielt seine Ruhe, hat dem Kind immer wieder Optionen angeboten und immer wieder versucht, es zu einer positiven Lösung des Problems anzuhalten. Um gegen die Haltung anzukämpfen, ist das Kind in Schwierigkeiten geraten.

Natürlich werden einige Kinder trotzdem gegen eine solche Vorgehensweise ankämpfen. Aber ein Kind, das jetzt noch darauf aus ist, seine Position auf

Biegen und Brechen zu halten, hat wahrscheinlich über sehr lange Zeit negative Umgangsmuster erfahren. Jetzt mag es das erste Mal anders gewesen sein. Sogar ein sehr widerspenstiges Kind kann seine bisherige Strategie ändern. Es wird wahrscheinlich einige Zeit dauern, bis es beginnt, diesem neuen Weg in der Auseinandersetzung zu vertrauen. Der Vater sollte sich dessen bewußt sein und die positiv aufeinander bezogene Kommunikation in dieser »Versuchsperiode« fortsetzen.

Erstrecken sich die negativen Umgangsmuster über einen langen Zeitraum und wird nahezu alles, was Sie sagen, zum Problem, sollten Sie mit den strategischen Redewendungen (siehe Kasten, S. 43) in die wechselseitige Beziehung eingreifen. Auf die wechselseitige Beziehung kommt es an, und nicht auf das sofortige Ergebnis!

Sie müssen sich angewöhnen, mit Ihrem Kind auf eine andere Art umzugehen und dabei die Kontrolle über sich und die Situation zurückgewinnen. Ihr Kind muß sich an die neue Situation gewöhnen und Ihnen vertrauen, daß Sie nicht versuchen, es an die Wand zu spielen; es muß davon ausgehen können, daß Sie Ihre neue Vorgehensweise nicht als Trick in dem üblichen Machtspiel einsetzen. Mit einem schwierigen Kind wird es Sie sowohl einige Zeit kosten als auch die entsprechende *Geduld.*

Während sie beide diese Veränderungen in Angriff nehmen, mag das Zimmer unaufgeräumt bleiben. Aber die Auseinandersetzung rund um das »Zimmeraufräumen« ist kein Selbstzweck mehr, sondern wird Ausgangspunkt der angestrebten Veränderungen werden. Es ist wichtig, daß sich die Auseinandersetzung an einem ganz bestimmten Punkt festmacht, egal, ob das Kind zum jetzigen Zeitpunkt kooperiert. Allein die wechselseitige Beziehung zu dieser Zeit ist Teil der positiven Veränderung.

Falls Sie sich mit Ihrem Kind in einem wahren »Kriegszustand« befinden, müssen Sie sorgfältig darüber bestimmen, an welchem Punkt Sie es zur »Schlacht« kommen lassen wollen. Wie wichtig ist Ihnen das Zimmer? Falls es wichtig ist, dann tun Sie, was Sie tun müssen, um zufrieden zu sein. Aber vielleicht ist das Zimmer eine Schlacht, die Sie verlieren können, wenn es Ihnen hilft, den Krieg zu gewinnen? Auch wenn Sie das Zimmer nicht sofort ordentlich bekommen, können Sie erst einmal zufrieden sein, sich hervorragend verhalten und damit begonnen zu haben, die Beziehung zu Ihrem Kind positiv zu verändern.

Fragen Sie sich selbst, was Sie von Ihrem Kind wollen und warum. Prüfen Sie die Situationen, bei denen Sie unnachgiebig sind und die negative Umgangsmuster mit Ihrem Kind hervorrufen. Lassen sich diese Auslöser vermeiden, zumindest solange, bis Sie mit Ihrem Kind besser zurechtkommen? Erinnern Sie sich: Wenn Sie etwas von Ihrem Kind wollen, sind Sie in einer schwachen Position – und je intensiver Sie sich die Durchsetzung Ihres Willens wünschen, desto schwächer sind Sie. Also sollten Sie das ein oder andere, auch wenn es Ihnen wichtig erscheint, hintenanstellen, um Ihre Position in der wechselseitigen Beziehung zu verbessern.

Die folgenden Kapitel beschäftigen sich mit allgemeinen Problemen, die Eltern mit Kindern (Jugendlichen) haben. Zuerst werde ich durch die Perspektive der wechselseitigen Beziehung zum Verständnis des Problems beitragen. Anhand eines Beispiels werde ich dann zeigen, wie die »strategischen Kommunikations- und Umgangsmuster« dazu beitragen können, das Problem zu lösen bzw. den Weg einer Problemlösung aufzeigen.

»Sie können Zusammenarbeit nicht lehren,
indem Sie beherrschen«
Jamie Raser, Elternseminar Januar 1994

Teil 2: Was mache ich, wenn ...?

Die Dynamik der Beziehungsmuster

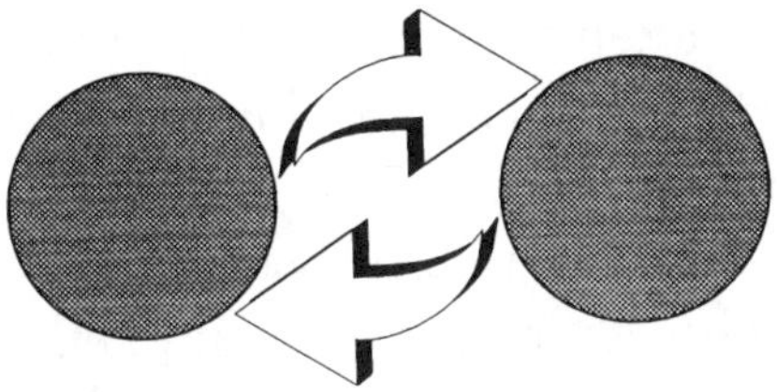

Strategische Kommunikations- und Umgangsmuster (II)

Jedes Kapitel in Teil 2 dieses Buches beschreibt ein anderes Problem, das Eltern mit ihrem Kind haben können. Jedes Kind ist anders, und ebenso unterscheiden sich Eltern voneinander. Keine Familie ist gleich, und keine Situation gleicht genau einer anderen.

Dieser Teil soll ein Ratgeber sein, wie man mit den Problemen und mit dem Kind umgehen kann, um die Situation zu entspannen und die Dinge positiv zu wenden. Die Beispiele des strategischen Umgangs sollen nur als Starthilfe gebraucht werden. Die Strategie, die Sie auswählen, soll Ihre ganz persönliche, besondere Situation verändern.

Denken Sie daran: Wenn es nicht so funktioniert, wie Sie wünschen, wählen Sie eine andere von den im ersten Teil des Buches angesprochenen Strategien.

Am besten ist es, wenn Sie alle Kapitel dieses Abschnitts lesen, damit Sie mit den Feinheiten des »strategischen Umgangs« bzw. der strategischen Umgangsmuster vertraut werden. Auf diese Weise lernen Sie auch, wie Sie die strategischen Umgangsmuster am effektivsten nutzen können. Denn bei den meisten Problemsituationen handelt es sich um eine Kombination von unterschiedlichen negativen wechselseitigen Umgangsmustern.

Hält Ihr Kind beispielsweise bestimmte Regeln nicht ein, helfen Ihnen die Kapitel über das »Einhalten von Regeln« (Kapitel 14), »Anderen die Schuld geben (Kapitel 7)«, »Unverantwortliches Handeln«

(Kapitel 8) und »Verweigern von unangenehmen Pflichten« (Kapitel 4), das Problem besser zu verstehen; außerdem finden Sie praktische Vorschläge, wie Sie damit umgehen können. Es kann auch notwendig sein, die Vorschläge jedes dieser Kapitel miteinander zu kombinieren. Sie sollten außerdem einige Passagen aus Teil 1 noch einmal lesen (besonders die Unterpunkte über die Einnahme unterschiedliche Positionen), und dann selbst einen Ratschlag ausprobieren.

Die Methode der »strategischen Umgangsmuster« ist nicht willkürlich und einfach zu handhaben. Die Beispiele in Teil 2 zeigen Ihnen strategische Kommunikations- und Interaktionsformen bzw. Positionen, die Sie ausprobieren und dann produktiv auf die ganze Bandbreite von Alltagsproblemen mit Ihren Kindern anwenden können.

»Eine Frage ist keine wirkliche Frage, wenn Sie die Antwort schon zu wissen glauben.«
John Prine

5. Was mache ich ... wenn mein Kind lügt?

Wir alle wissen, warum Kinder manchmal lügen. Oft sind es dieselben Gründe, aus denen heraus auch Erwachsene manchmal die Unwahrheit sagen. Kinder lügen oft, um etwas zu vertuschen oder weil sie etwas tun wollen, was sie nicht dürfen.

Lügen ist häufig das Ergebnis:
• von negativen, langanhaltenden Beziehungsmustern zwischen Kindern und Eltern,
• der unbewußten Erwartung, daß die negativen Beziehungsmuster auch in Zukunft so bestehen bleiben werden.

Machtkämpfe sowie Probleme, etwas zum Ausdruck zu bringen, haben ihre Ursache in länger zurückliegenden, nicht angemessenen gegenseitigen Umgangsmustern. Zu lügen, um negative Zuwendung zu vermeiden, erscheint dem Kind dann die einfachste Lösung zu sein. In dem Maße, wie die gegenseitige Beziehung sich zum positiven wendet, verschwindet auch der Zwang zu lügen.

Einige Eltern reagieren, wenn sie ihr Kind beim Lügen ertappen, auf etwa folgende Weise:

Eltern: Na, wie war es bei deiner Freundin?

Kind: Oh, ganz gut.

Eltern: Ja wirklich? Ich habe aber gerade herausgefunden, daß du gar nicht bei ihr warst! Warum lügst du mich an? Du wirst Ärger kriegen, das sage ich dir...

➤ Die Dynamik des Beziehungsmusters

Dieser Vater oder diese Mutter hat zwei Fehler begangen. Zuerst hat er/sie das »Sündenbockspiel« gespielt. Dabei handelt es sich um ein Machtspiel und das Kind wird ermutigt, mit Gegenmacht zu reagieren. Ein Schachzug des Kindes kann darin bestehen, daß es weiterhin bei seinen Geschichten (Lügen) bleibt, weil die Eltern das »Sündenbockspiel« sonst gewinnen würden. Der Vater oder die Mutter ermutigte das Kind versehentlich, sie das nächste Mal zu überlisten und wieder zu lügen, nur geschickter.

Der zweite Fehler war die Frage nach dem Grund für die Lüge. Gibt es darauf tatsächlich eine plausible Antwort? Die Frage deutet an, daß es sie gibt. Das Kind wird ermutigt herauszufinden, was eine plausible Antwort sein könnte, und damit erneut motiviert, seinen Eltern gegenüber die Unwahrheit zu sagen. Scheitert das Kind nach einigen Anläufen, weil es keine stichhaltige Ausrede mehr findet, wird es gewöhnlich auf alle weiteren Fragen mit Schweigen reagieren. Noch schlimmer ist, wenn das Kind seinen Eltern nicht mehr traut, sobald sie ihm eine Frage stellen. Es lernt, daß seine Eltern nicht wirklich an der Antwort interessiert sind, sondern nur nach einem Sündenbock suchen, also eine Beziehungsfalle aufbauen.

➤ Ein strategisches Kommunikations- und Umgangsmuster

Eltern: Es scheint, daß du nicht die Wahrheit gesagt hast, du würdest die Nacht bei deiner Freundin verbringen. Ich habe erfahren, daß du irgendwo anders warst.
Kind: Wie, du hast es erfahren?
Eltern: Eltern finden das oft heraus. Der Punkt ist, daß ich sehr enttäuscht bin, weil ich dir nicht so vertrauen kann, wie ich glaubte. Außerdem bin ich ausgesprochen sauer.
Kind: Gut, es tut mir leid. Ich werde es nicht wieder tun.
Eltern: Ich hoffe auch, daß du es nicht wieder tust, aber du hast es bereits getan. Wir hatten besprochen, wenn du wieder lügst, darfst du die nächsten zwei Wochenenden nicht weg. Und das wird jetzt geschehen.

Sie mögen fragen: »Was ist, wenn ein Kind immer lügt, auch wenn es keinen Grund gibt?« Ein Beispiel:

Eltern: Ich habe bemerkt, daß vieles von dem, was du mir erzählst, einfach nicht stimmt. Ich frage mich tatsächlich, ob ich dir noch etwas abnehmen kann. Außerdem finde ich nicht gut, dir nicht mehr vertrauen zu können. Sage ich etwas Falsches?

Kind: Nein.

Eltern: Gut. Hast du bemerkt, daß du oft Dinge erzählst, die offensichtlich nicht wahr sind?

Kind: Nein.

Eltern: O.k., von jetzt an werde ich versuchen herauszufinden, wenn ich das Gefühl habe, es stimmt nicht, was du mir erzählst. Ich werde es dir dann sagen, und wir können es zusammen prüfen. O.k.?

Kind: O.k.

Wenn auch das Kind wegen seiner Unehrlichkeit in der Defensive ist, weiß es doch, daß die Eltern es beobachten. So kann es motiviert werden, die Wahrheit zu sagen. In diesem Fall waren die Eltern fähig, dem Kind Ihre Bedenken mitzuteilen, ohne es zu tadeln, anzuklagen oder in eine defensive Position zu bringen.

Falls Ihr Kind trotzdem weiter lügt, und zwar auch, wenn offensichtlich kein Grund mehr dafür existiert, könnte es sich bei bizarren oder auffälligen Vorstellungen um eine ernste psychische Störung halten. In diesem Fall sollten Sie eine Konsultation bei einem professionellen Psychologen oder Psychiater in Erwägung ziehen.

»Meine Worte sind ein Flüstern;
aber deine Taubheit ein Schrei.«
Ian Anderson, aus Thick as a Brick, *1972*

6. Was mache ich … wenn mein Kind nicht mit mir redet?

Als Jugendliche streben Ihre Kinder nach einem Gefühl von Identität und wollen deshalb von Ihnen unabhängiger werden. Dazu müssen sie sich von ihren Eltern und ihrer Familie ein Stück weit lossagen. Das ist ein Grund, warum Jugendliche nicht mehr alles mit Ihnen teilen. Ein zweiter Grund besteht darin, daß sie in eine andere Kultur eingebunden sind als Sie. Die heutige Jugendkultur hat andere Werte, Geschmäcker, Ideale und einen anderen Humor. Jugendliche sehen die Dinge also anders als Sie, und umgekehrt. Was einen gemeinsamen Gedankenaustausch erschwert. Ein dritter Grund, warum die Kommunikation schwerfällt, hat mit der wechselseitigen Dynamik der Beziehung zu tun.

➤ Die Dynamik des Beziehungsmusters

Eltern: Hey! Du verbringst viel zu viel Zeit in deinem Zimmer. Wir möchten dich gerne mehr bei uns haben. Wie können wir das ändern?
Kind: Oh, laß mich doch zufrieden.

Eltern: Was ist los mit dir? Du redest gar nicht mehr mit uns.
Kind: Es ist nichts mit mir los. Ich habe nur gerade nichts zu reden.
Eltern: Gut, aber mit deinen Freunden am Telefon gibt es offensichtlich eine Menge zu besprechen.
Kind: Ja und, was jetzt?
Eltern: Solange du nicht mit uns redest, telefonierst du auch nicht mehr.
Kind: O.k.! Ist ja super! Und was soll ich euch sagen?
Eltern: Zum Beispiel, wie dein Tag in der Schule war.
Kind: Ätzend. Bist du jetzt zufrieden? Außerdem bin ich gerne in meinem Zimmer.

Die Eltern in diesem Beispiel wollten unbedingt etwas von ihrem Kind erfahren und versuchten, die Kommunikation zu erzwingen. Was ihnen offensichtlich nicht sehr gut gelang. Einmal sprach ich mit einem Vater, der um seinen Sohn sehr besorgt war. Jedesmal, wenn der Junge zu Hause war, schloß er sich in seinem Zimmer ein. Er kam nicht einmal mehr zum gemeinsamen Essen mit der Familie heraus oder um an anderen Familienaktivitäten teilzunehmen. Darüber, was ihren Sohn eigentlich beschäftigte, wußten die Eltern sehr wenig. Von daher auch ihre Ängste.

Der Vater war der Meinung, weniger besorgt sein zu müssen, wenn der Junge wenigstens am gemeinsamen Essen teilnehmen würde. Strafandrohung schien im übrigen nichts zu bewirken. So begann der Vater ein tägliches Ritual. Täglich hielt er eine 10 bis 20 Minuten lange Predigt vor der verschlossenen Tür des Jungen. Natürlich funktionierte das auch nicht.

Ich schlug vor, der Vater solle doch zur Essenszeit an die Tür des Jungen klopfen und sagen: »In fünf Minuten gibt es Essen.« Und dann einfach weggehen. An den ersten beiden Tagen erhielt er keine Antwort. Aber am dritten Tag war der Vater sehr erstaunt, seinen Sohn am Eßtisch zu sehen. Als der Vater aus dem negativen Beziehungsmuster, das sich rund ums Essen gebildet hatte, ausstieg und auf seinem Wunsch nicht mehr so insistierte, beendete der Sohn seine Verweigerungshaltung und war »frei«, sein Zimmer zu verlassen.

Obwohl Jugendliche versuchen, unabhängig zu werden, wollen sie mit jemandem sprechen, zum Beispiel mit ihren Freunden. Manchmal sind sie auch mit dem Elternteil eines Freundes sehr vertraut und genießen es, die eine oder andere Sache mit dieser Person zu besprechen. Erwachsenwerden macht angst. Jugendliche hätten gerne jemanden, dem sie trauen können, und mit dem sie über ihre Befürchtungen und neuen Erfahrungen reden können. Eltern sind oft zu schnell alarmiert, wenn sie etwas von ihren Kindern hören, und neigen dazu, Vorträge zu halten, zu schimpfen oder aufzuzeigen, was richtig und was falsch ist. Das ergibt vom Standpunkt des Kindes keine sehr angenehme Unterhaltung! Das Kind geht dann davon aus, daß sie nur etwas von ihm wissen wollen, *um in ihrer eigenen Meinung bestätigt zu werden*, und es überhaupt nicht darum geht, wie es selbst darüber denkt.

Falls Sie mit Ihrem Kind wirklich kommunizieren möchten, müssen Sie auch in der Lage sein, sich etwas anzuhören, was Ihnen gar nicht gefällt. Außerdem müssen Sie mit dem Kind reden, ohne daß es sich schuldig, dumm oder unreif fühlt. Was bedeutet, *mit ihm zusammen* herauszufinden, wie es sich fühlt, was es denkt und welche Pläne es hat. Das Kind will Ihren Rat, aber zuerst will es, daß Sie ihm zuhören und respektieren, was es selbst über etwas denkt.

➤ Ein strategisches Kommunikations- und Umgangsmuster

Eltern: Na, wie geht es dir?
Kind: Gut.
Eltern: Und wie läuft es in der Schule?
Kind: Gut.
Eltern: O.k.. Ich weiß, daß du im letzten Halbjahr ein Problem mit Mathe hattest. Läuft jetzt alles klar?
Kind: Der Lehrer nervt!
Eltern: Ach ja. Und was ist los mit ihm?
Kind: Keine Ahnung. Kann mich nicht leiden.
Eltern: Das ist natürlich weniger gut.
Kind: Das brauchst du mir nicht zu sagen. Er regt sich über die winzigsten Dinge auf. Hat man einmal seine Hausaufgaben vergessen, macht er eine Riesengeschichte daraus! Die anderen Lehrer sind nicht so.
Eltern: Hm, und was willst du dagegen unternehmen?
Kind: Weiß nicht. Dann muß ich eben morgen

nachsitzen und die fehlenden Aufgaben nacharbeiten, was soll's. Mit sowas will er bloß Eindruck bei mir schinden.
Eltern: Na ja, dann machst du es eben. Erzähle mal, wie es war, O.k.? Und sag mir bitte Bescheid, falls es etwas gibt, womit ich dir helfen kann.
Kind: Sicher. Danke.

Diesem Vater gefiel wahrscheinlich nicht alles, was er von seinem Jungen hörte, aber zumindest erfuhr er etwas darüber, was zum Leben seines Sohns gehört. Er wird vermutlich noch mehr erfahren, indem er zuhört und fragt. Wichtiger aber ist, daß er durch sein aufrichtiges, nicht einmischendes Interesse gezeigt hat, daß sein Sohn ihm vertrauen kann und er mit Respekt und ohne zudringlich zu werden, zuhören kann. Dieser Junge wird wahrscheinlich das Gefühl haben, ohne Befürchtungen auch über anderes mit seinem Vater sprechen zu können.

7. Was mache ich ... wenn mein Kind immer anderen die Schuld gibt?

Vater: Was hat es zu bedeuten, daß du heute nachsitzen mußtest?!
Kind: Das war nicht meine Schuld! Karl hat mich angerempelt, also rempelte ich zurück. Zu ihm hat die blöde Aufsicht nichts gesagt, obwohl er angefangen hat.
Vater: Du mußt den Lehrern gegenüber eben mehr Respekt zeigen! Und ich bin sicher, auch Karl hätte Ärger bekommen, wenn er tatsächlich etwas gemacht hätte. Das ist das dritte Mal in diesem Jahr, daß du wegen sowas Ärger gekriegt hast.
Kind: Die anderen Kinder hacken dauernd auf mir herum, und die Lehrer hassen mich. Alle versuchen, mich loszuwerden.
Vater: Wenn du dich richtig verhälst, behandeln die Lehrer dich auch gerecht.
Kind: Ich verhalte mich richtig. Sie mögen mich einfach nicht. Auch wenn ich mich gut benehme, hacken alle auf mir herum und tadeln mich sowieso für alles.

➤ Die Dynamik des Beziehungsmusters

In diesem Beispiel möchte der Vater erreichen, daß sein Kind zugibt, sich falsch verhalten zu haben. Es soll seinen Fehler einsehen, um ihn nicht noch einmal zu machen. Aber die Strategie des Vaters ist offensichtlich nicht aufgegangen, denn das Kind bleibt bei seiner Meinung und versteift sich auf seine Sicht, nämlich ständig von allen mies behandelt zu werden. Es sieht nicht ein, daß es auch sein Verhalten ändern muß. Keine Verantwortung zu übernehmen und ständig anderen die Schuld zu geben ist ähnlich wie zu lügen. Zumindest ein nützlicher Weg, Tadel und Ärger zu vermeiden. In Wirklichkeit hören die Probleme zwar nicht auf, aber anderen die Schuld für alles zu geben sorgt dafür, selbst keine Verantwortung für irgend etwas übernehmen zu müssen.

Der Versuch, einem Kind zu zeigen, daß es sich falsch verhält, soll es dazu bewegen, seine Schuld einzusehen. *Schuld ist schmerzhaft.* Es ist so, als wollten Sie Ihr Kind dazu bringen, Schmerzen zuzulassen. Warum sollte das Kind nicht mit allen ihm zur Verfügung stehenden Möglichkeiten versuchen, Schmerzen und Bestrafung zu vermeiden, da ein Schuldeingeständnis meistens zu einer Bestrafung führt? Kinder sind Genies darin, genau dies zu vermeiden.

Der Vater sagt: »Sieh ein, daß du dich falsch verhältst.« Und das Kind sagt einfach: »Nein.« Das Kind sagt: »Glaube meiner Entschuldigung.« Der Vater sagt: »Nein.« Und so geht es weiter und weiter.

➤ Ein strategisches Kommunikations- und Umgangsmuster

Vater: Mußtest du heute nachsitzen?
Kind: Ja, aber es war nicht meine Schuld. Karl hat mich nämlich angerempelt, und ich habe nur zurückgerempelt.

Vater: Und was geschah dann?
Kind: Die blöde Aufsicht hat mich gesehen, und ich bekam Ärger. Karl ist nichts passiert, obwohl er angefangen hat.
Vater: (Schüttelt zweifelnd den Kopf) Wieder nachsitzen. Das ist das dritte Mal in diesem Jahr! Was können wir dagegen tun?
Kind: Die Kinder hacken auf mir herum, und die Lehrer mögen mich nicht. Darum bekomme ich immer Ärger.
Vater: Warum denkst du eigentlich, daß die Lehrer ausgerechnet dich nicht mögen?
Kind: Ich weiß nicht. Sie denken, daß ich immer anfange.
Vater: Nicht einfach für dich.
Kind: Genau. Egal was passiert, immer kriege ich den Ärger.
Vater: Und was glaubst du, dagegen tun zu können?
Kind: Nichts! Du kannst die Meinung von anderen nicht ändern.
Vater: Das ist natürlich hart für dich.
Kind: Ja. Warum kann ich nicht auf eine Privatschule gehen?
Vater: Das geht nicht. Das können wir uns nicht leisten. Ich wünschte, wir könnten es. Wie wirst du den Rest dieses Schuljahres aushalten?
Kind: Ich weiß nicht. Ich werde einfach mehr aufpassen müssen. Weder Karl noch die anderen kann ich schließlich dazu zwingen, mich nicht mehr zu ärgern.

Vater: Die Situation ist ganz schön verfahren. Offensichtlich haben sie ihr Ziel erreicht.
Kind: Ich weiß, aber ich werde es auch nicht mehr zulassen.
Vater: Weißt du schon wie?
Kind: Ich habe vor, einfach »cool« zu bleiben.
Vater: O.k. Sag mir bitte Bescheid, wenn ich dir helfen kann.

Dieser Vater hat nicht versucht, dem Kind die Verantwortung zuzuschieben. So baute das Kind seine Verteidigung erst gar nicht in diese Richtung auf. Das Gespräch nahm in dem Moment eine Wendung, als der Vater fragte: »Was können wir dagegen tun?«, anstatt zu sagen: »Verändere gefälligst dein Verhalten!« Der Vater »hörte« also, daß sein Sohn sich ungerecht behandelt fühlte, ohne daß dieser sich auf diesen Punkt versteifen mußte. Am Ende übernahm das Kind zwar nicht die volle Verantwortung für sein Tun und versprach auch nicht, sein Verhalten zu bessern. Jedoch war es willig, überhaupt etwas zu verändern und deutete somit an, daß sein eigenes Verhalten zumindest ein Teil des Problems war. Wenn es sein Verhalten tatsächlich dahingehend ändert, »cool« zu bleiben, wird es wahrscheinlich auch weniger Ärger bekommen. Es könnte den Ruf, ständig der Drahtzieher bei einer Sache zu sein, verlieren, und es wird nicht mehr soviel auf ihm herumgehackt. Solange die Veränderung seines Verhaltens in die richtige Richtung geht, ist die Tatsache, wiederum keine Verantwortung für sein Verhalten übernommen zu haben, nicht so wichtig.

8. Was mache ich ... wenn mein Kind nachlässig und unverantwortlich ist?

Keine Verantwortung übernehmen zu wollen kann auch darin bestehen, seinen Aufgaben und Pflichten nicht nachzukommen (siehe Kapitel 4 über »Zimmeraufräumen«). Es können auch die kleinen Dinge sein, über die sich Eltern aufregen: den Abfalleimer nicht herauszutragen, wenn es offensichtlich nötig ist, benutztes Geschirr im ganzen Haus stehenzulassen, bis fünf Minuten vor Schulanfang kein Heft gekauft zu haben, keine Nachricht zu hinterlassen, wo man ist und wann man zurückkommt, nicht anzurufen, wenn man gut angekommen ist, mit allen Dingen bis zur letzten Minute zu warten usw. usw.

➤ Die Dynamik des Beziehungsmusters

Eltern werden dann ärgerlich und werfen ihrem Kind sein Verhalten vor. Nach einiger Zeit schaltet das Kind auf stur. Diese Abwehr führt dann zu den irrationalen Entschuldigungen, »Argumenten« und Lügen, mit denen wir uns bereits mehrfach befaßt haben.

Mutter: Wie oft habe ich dir schon etwas über das benutzte Geschirr in deinem Zimmer gesagt? Du läßt es dort stehen, bis es antrocknet und die Reste vergammeln. Es ekelt mich an, und ich bin es leid, deinen Dreck hinter dir wegzuräumen.

Kind: Na und. Laß es doch sein! Ist doch mir egal.

Mutter: Wie kannst du nur mit all diesem Müll in deinem Zimmer leben?
Kind: Ist mir egal.
Mutter: Dir ist das egal, mir aber nicht!
Kind: Aber mir.
Mutter: Es wird dir aber nicht egal sein, wenn ich deine Computerspiele mitnehme.
Kind: Bitte, bitte. Wenn du willst.

So kommt man natürlich nicht besonders weit. Das Kind hat sich fest vorgenommen, den Kampf nicht zu verlieren, und entsprechend überzeugt ist es von seinem Verhalten. Ihm ist egal, daß sich seine Mutter immer mehr aufregt und schließlich wieder einmal »ausrastet«. Was mit schönster Regelmäßigkeit auch immer wieder passiert. Alle Vernunft und gegenseitige Hilfsbereitschaft bleiben bei diesem Machtkampf völlig auf der Strecke.

➤ Ein strategisches Kommunikations- und Umgangsmuster

Mutter: Ich sehe in deinem Zimmer schon wieder einen Berg von schmutzigem Geschirr.
Kind: Ja, ich weiß. Ich habe vergessen, es in die Küche zu bringen.
Mutter: Viel Spaß beim Abwaschen, so angetrocknet wie es ist.
Kind: Ja, ich weiß.
Mutter: Außerdem finde ich diese verdorbenen Essensreste ziemlich unappetitlich.
Kind: Ja, ich weiß.

Mutter: Dir zu sagen daß du dein Geschirr in die Küche bringen sollst, scheint wenig Erfolg zu haben.
Kind: Ja, ich weiß.
Mutter: Hast du eine Idee, was wir dagegen machen können?
Kind: Ich werde von jetzt an meine Sachen in die Küche bringen.
Mutter: Das hast du schon oft gesagt.
Kind: Ja, ich weiß, aber ich werde es bestimmt machen.
Mutter: Das ist super. Und wenn nicht, werde ich dich vermutlich einen ganzen Abend abwaschen lassen. Sage mir bitte Bescheid, wenn ich dir helfen soll, unsere Abmachung nicht zu vergessen.
Kind: O.k.

In diesem Fall verzichtet die Mutter auf einen direkten Vorwurf, weshalb die Tochter auch nicht sofort eine Abwehrhaltung einzunehmen braucht. Die Mutter äußert ihre Wünsche, ohne die Gefühle des Kindes zu verletzen, und nennt die Folgen, ohne einen Streit zu beginnen. Anstatt der Mutter die Schuld zu geben, nimmt sich das Kind vor, etwas mehr Verantwortung zu übernehmen, speziell natürlich, weil es die angedrohten Konsequenzen nicht tragen möchte.

»Eine Absicht (lehren) kann ein Weg werden (lernen). Weniger tun kann mehr verwirklichen.«
Thomas Moore in Care of the Soul

9. Was mache ich ... wenn mein Kind aus Erfahrungen nichts lernt?

Wenn unsere Kinder doch nur etwas von dem lernen wollten, was wir versuchen, ihnen beizubringen, dann hätten wir als Erwachsene wohl nichts an ihnen auszusetzen! Wir könnten stolz sein, als Eltern gute Arbeit geleistet zu haben, und uns entspannt zurücklehnen. Geht es also beim Erwachsenwerden bloß darum, aus den richtigen Erfahrungen auch zu lernen? Wieso aber scheinen, wenn dem so wäre, auch so viele Erwachsene aus ihren Erfahrungen nichts gelernt zu haben? Auch sie bringen sich, wie wir wissen, immer wieder einmal in unangenehme Situationen und tun etwas, was sie besser unterlassen hätten. Und weshalb sollte das bei Kindern anders sein?

Mit anderen Worten: Warum wiederholt jemand etwas, von dem er eigentlich weiß, daß es nicht gut für ihn (und andere!) ist?

➤ Die Dynamik des Beziehungsmusters

Aus Erfahrungen nicht zu lernen gehört zu den irrationalen Anteilen in einer negativen wechselseitigen

Beziehung. Das Kind befindet sich in einer Position, in der es etwas zu lernen mit einem Machtkampf gleichsetzt und dabei fürchtet, sein Gesicht zu verlieren. Die Absicht der Eltern ist wiederum, dem Kind eine »Lektion« zu erteilen, was es falsch gemacht hat: »Hättest du doch bloß auf mich gehört!«

Kind: (jammernd) Nicole und die anderen sind so gemein! Sie ärgern mich, wenn die ganzen Jungens aus unserer Klasse in der Nähe sind, nur damit sie beachtet werden. Und mich benutzen sie dafür.

Mutter: Wie oft ist das in letzter Zeit passiert?

Kind: Sehr oft. Es ist immer so.

Mutter: Warum bist du denn auch noch mit diesen Mädchen zusammen? Wenn sie wirklich deine Freundinnen wären, würden sie dich nicht so verletzen.

Kind: (jammert noch mehr) Das sind die einzigen Freundinnen, die ich habe. Willst du, daß ich ganz alleine bin?

Mutter: Vielleicht ist es besser, allein zu sein, als mit Freundinnen, die dich ständig so behandeln.

Kind: Sie sagen, ich sei zu empfindlich. Vielleicht haben sie ja recht. Eigentlich sind sie auch ganz in Ordnung, wenn sie nicht gerade jemandem imponieren wollen. Ich brauche nur ein dickeres Fell. Vielleicht kann ich lernen, ebenso auszuteilen wie sie.

Mutter: Ich möchte eigentlich nicht, daß du so wie eine von ihnen wirst. Erst erzählst du mir, daß du nicht magst, wie sie mit dir umgehen, und jetzt möchtest du werden wie sie. Trenne dich lieber von diesen Freundinnen. Du bist ein nettes Mädchen, und es gibt sicher eine Menge Leute, die gerne deine Freunde wären.

Kind: Nur die Schwachköpfe und Streber in unserer Klasse.

Mutter: Hör auf, so zu sprechen. Ich bin sicher, daß sie sehr nett sind.

Kind: (sarkastisch) O.k., alles klar, Mutter. Alles was du sagst, ist richtig. Ich werde jetzt Nicole anrufen und fragen, was wir heute abend unternehmen.

Ich bin sicher, daß die Mutter in diesem Beispiel am Ende der Unterhaltung ziemlich durcheinander ist. Zuerst stimmt sie mit ihrer Tochter überein, und dann endet es doch wieder im Streit. Egal was sie tut, sie kann ihre Tochter offensichtlich nicht überzeugen. Ihr Fehler besteht darin, ihrem Kind sofort helfen zu wollen, anstatt herauszufinden, welche Art von Hilfe die Tochter wirklich sucht. Sie schlägt eine Lösung vor, mit der die Tochter nicht einverstanden ist, beharrt auf ihrer Meinung und verlangt, daß die Tochter aus ihren (d.h. der Mutter) Erfahrungen lernt. Indem sie eine Richtung vorgibt, die dem Mädchen nicht gefällt, kommt es zu einer Reflexhandlung, und das Gespräch endet dort, wo es angefangen hat. Die Lektion, welche die Mutter erteilen wollte, erwies sich als völlig nutzlos.

➤ Ein strategisches Kommunikations- und Umgangsmuster

Kind: (jammernd) Nicole und die anderen sind so gemein zu mir! Sie machen sich über mich lustig, nur um bei ein paar Jungen Eindruck zu schinden.
Mutter: (freundlich) Ehrlich?
Kind: Ja. Das machen sie andauernd.
Mutter: Das scheint ziemlich oft zu sein.
Kind: Es ist immer so.
Mutter: Da mußt du dich ja ziemlich schlecht fühlen.
Kind: Ich hasse sie, wenn sie das tun.
Mutter: Ist mir klar. (Verwundert) Kannst du etwas dagegen tun?
Kind: Ich sollte mich nicht mit ihnen abgeben, das endet jedesmal mies.
Mutter: Ja, vielleicht.
Kind: Ich muß mir etwas überlegen.
Mutter: Sag mir Bescheid, wenn du etwas dagegen unternehmen willst.

Diese Mutter läßt das Mädchen sich aussprechen, ohne eine Entscheidung einzufordern. Sie zeigt sich unterstützend, symphatisch und verständnisvoll. Sie macht die Freundinnen ihrer Tochter nicht herunter, was diese sofort in eine Abwehrhaltung versetzt hätte.

Indem die Mutter eine eher neutrale und anteilnehmende Position beibehält, ist die Tochter fähig, über ihre Situation nachzudenken. Wenn das Mädchen in der Lage ist, über die Situation nachzudenken, wird sie eher gewillt sein, eine gute Entscheidung zu treffen. Sie wird vermutlich weiter mit diesen Freundinnen zusammen sein, aber jedesmal, wenn sie sich verletzt fühlt, wird sie diese Erfahrung genau registrieren und ihr Verhalten daran messen.

»Kinder haben das Recht, anders zu sein, als jeder andere ist.«
Alastair Reid, Places, Poems, Preoccupations, *1963*

»Du gewinnst mehr Einfluß mit deinen Ohren als mit deinem Mund.«
Unbekannt

10. Was mache ich … wenn mein Kind mit Drogen, Alkohol oder Sex zu tun hat?

Drogenkonsum oder zu früher Geschlechtsverkehr können die Zukunft des Kindes sehr nachteilig beeinflussen. Fragen Sie jeden, dessen Kind in einem Heim ist oder der es mit einem schwangeren Teenager zu tun hat.

Viele Jugendliche »experimentieren« mit Drogen und Sex. Zum Teil experimentieren sie mit dem Leben, und zum Teil wollen sie darüber an Lebenserfahrung gewinnen. Wenn es nur ein Ausprobieren ist, muß es nicht unbedingt schädlich sein. Aber die Übergänge zwischen Ausprobieren, Mißbrauch, Handel, Abhängigkeit und Sucht sind fließend. Woher sollen Eltern wissen, wie tief ihr Kind in sein Tun bereits verstrickt ist und ab welchem Zeitpunkt sie sich Sorgen machen und/oder eingreifen müssen?

Solange die Eltern keine offenen Gespräche mit ihren Kindern führen können, läßt es sich nicht beurteilen. Also ist erst einmal das wichtigste, daß sie dazu überhaupt in der Lage sind, miteinander zu reden. Geht man ungeschickt dabei vor, das Kind von seinen schädlichen Handlungen fernzuhalten, ist es möglich, daß es statt dessen noch tiefer in die Sache hineinrutscht.

Mutter: Komm mal her! Wo bist du gewesen? Deine Augen sehen seltsam aus. Was ist los mit dir? Hast du etwa Drogen genommen?
Kind: Ich bin nur müde. Laß mich allein!
Mutter: Drogen und Alkohol sind schlecht. Du wirst noch so enden wie Onkel Hans.
Kind: Laß mich zufrieden. Dafür bin ich viel zu clever. Er war süchtig. Ich werde niemals enden wie er.
Mutter: Der Gebrauch jeder Art von Drogen kann süchtig machen. Du mußt sofort aufhören.
Kind: Ich kenne eine Menge Kids, die dauernd Drogen nehmen und damit keinerlei Probleme haben. Laß mich jetzt zufrieden.
Mutter: Ich geh mit dir sofort zur Drogenberatung.
Kind: Ach, hör doch auf. Ich habe ein Bier getrunken, und du machst ein große Sache daraus! Wenn du versuchst, mich zur Drogenberatung zu schleppen, haue ich ab, und du wirst mich nie wieder sehen.

Wenn Ihr Kind den Eindruck macht, es würde Drogen nehmen, kann das durchaus der Fall sein. Und wenn es häufiger vorkommt, sollte man die Angelegenheit ernst nehmen. In unserem Fall verharmloste das Mädchen den Drogenkonsum und spielte die Folgen herunter. Demgegenüber versuchte die Mutter ihr klarzumachen, wie schädlich Drogen sind, und verlangte, sich gefälligst darüber im klaren zu sein. Womit sie lediglich erreicht, daß ihre Tochter sich rechtfertigt, glaubt, wie ein kleines Kind behandelt zu werden und schließlich irrational argumentiert. Wie in den anderen Beispielen auch möchte die Mutter ihr Kind eigentlich gar nicht vor den Kopf stoßen oder in eine konflikthafte Position bringen, in der es ihre Informationen mißachtet und nur noch widerspenstiger wird.

Sagt man dem Kind die »Wahrheit«, egal ob es sich um Drogen oder Sex handelt, ist seine Standardantwort häufig: »Mit mir hat das nichts zu tun.« Und je mehr es seine Position verteidigt, um so mehr glaubt es an sie und um so unbesiegbarer fühlt es sich. Auf diese Weise gefährdet sich der Jugendliche aber immer mehr.

➤ Ein strategisches Kommunikations- und Umgangsmuster

Vater: (nicht unfreundlich) Und, was machst du so? Du kommst ziemlich spät. Ich fing schon an, mir Sorgen zu machen.
Kind: Bei mir ist alles in Ordnung. Kein Problem.
Vater: Ich finde, deine Augen sehen seltsam aus (Pause).
Kind: Ja, kann sein, ich bin ziemlich müde.

Vater: Ach so, aber du riechst, als hättest du getrunken (Pause).
Kind: Na ja, ich habe wohl ein oder zwei Bier getrunken.
Vater: Junge, das macht mir wirklich Sorgen.
Kind: Ach, mach dir keine Sorgen. Es ist doch nichts dabei, ein paar Bier zu trinken.
Vater: Ich finde, das erinnert mich an Onkel Hans.
Kind: Stimmt, er war süchtig.
Vater: Ich weiß. Es liegt vermutlich in der Familie. Es fallen mir noch ein paar andere ein, die Probleme mit Alkohol oder Drogen hatten.
Kind: Bei mir ist das nicht so.
Vater: Ich bin froh, daß du dir so sicher bist. Ich mache mir trotzdem Sorgen.
Kind: Du machst dir zu viele Sorgen.
Vater: Irgend jemand muß sich Sorgen machen. Können wir bald noch einmal darüber sprechen?
Kind: Sicher, aber mach dir keine Sorgen.
Vater: Kannst du mir, wenn wir darüber sprechen, vielleicht helfen, mir weniger Sorgen zu machen?
Kind: O.k.
Vater: Gut, bis dann also.

Der Vater zeigt, daß er betroffen ist und sich der Situation bewußt ist. Und er bringt zum Ausdruck, daß er die weitere Entwicklung genau kontrollieren wird. Dabei nimmt er die Position des Anteilnehmenden und nicht des Kontrollierenden ein. Er ermuntert sein

Kind zu weiteren Gesprächen. Im Klartext: Er eröffnet ein Gesprächsforum zu dieser Thematik.

Er wird sich weiterhin darum kümmern und bei den anfallenden Gesprächen in der Lage sein, seinen Standpunkt zu vertreten und ebenso seinem Kind zuhören. Er glaubt daran, daß sich in einer guten Beziehung die guten Seiten des Kindes durchsetzen werden. Das Kind wird dann eher in der Lage sein, sich bei seiner Entscheidung von dieser positiven Stimmung leiten zu lassen, als sein Heil in Rebellion und unvernünftigem Handeln zu suchen. Das Problem wird nicht sofort beseitigt, aber in diesem Stadium kann das Kind noch beschließen, seine eigenen Schwierigkeiten zu lösen bzw. sie von Anfang an zu vermeiden.

11. Was mache ich ... wenn mein Kind sich bedroht fühlt und leicht beeinflußbar ist?

In meiner psychotherapeutischen Praxis sehe ich viele Jugendliche mit jeder Menge Schwierigkeiten. Nachdem ich verstanden habe, warum die Kinder zu mir gebracht wurden, und nachdem die Eltern mir alles erzählt haben, worüber sie sich Sorgen machen, mache auch ich mir meine Gedanken darüber, wie schlecht diese Kinder dran sind. Wie kann jemand nur in eine solche Situation geraten, wenn er alle seine Gedanken beieinander hätte?

Dann treffe ich das Kind und spreche mit ihm. Gewöhnlich treffe ich einen freundlichen Menschen mit einigem Durchblick, der darüber hinaus auch sehr vernünftig zu sein scheint. Ich wundere mich, warum dieses Kind Entscheidungen trifft, die ihm nur Ärger einbringen. Das macht keinen Sinn.

➤ Die Dynamik des Beziehungsmusters

In unseren Kindern steckt oft sehr viel mehr Gutes, als wir sehen. Aber wenn wir uns mitten in einem negativ sich aufschaukelnden Beziehungskreislauf befinden, in dem das Irrationale überhandgenommen hat, bemerken wir es oft nicht. Und drängen das Kind, um es von seiner Unvernunft zu überzeugen, häufig in eine Position, in der es sich und seinen Standpunkt permanent verteidigen muß.

Kind: Ich werde diese Typen umbringen!
Vater: Das wirst du nicht tun! Rede nicht solchen Unsinn!
Kind: Du wirst schon sehen. Die bedrohen mich nicht noch einmal.
Vater: Hör auf mit dem Unsinn, und sag mir lieber, was los ist.
Kind: Ich rede keinen Unsinn. Sie drohen, daß sie mich zusammenschlagen, wenn ich ihnen kein Geld gebe oder ihnen keines besorge. Ich hol mir eine Knarre. Dann wirst du erleben, was passiert, wenn sie es noch einmal versuchen, mich zu erpressen.
Vater: Ist ja toll. Und du kommst in den Knast, fliegst von der Schule und so weiter...
Kind: Na und? Ist mir egal. Niemand schubst mich mehr herum!
Vater: Und wo will der Herr seine Knarre herkriegen?
Kind: Das ist kein Problem. Ich kenne eine Menge Leute, die welche haben. Wenn es sein muß, klau ich mir eine.
Vater: Wenn du nicht sofort aufhörst, so zu reden, fängst du dir eine.
Kind: Ist mir doch egal. Du wirst mich auch nicht davon abhalten.

Das Kind ist so aufgebracht, daß es nicht an die Konsequenzen seiner Handlungen denkt. Nur die unmittelbare Gegenwart ist wichtig. So treffen Menschen falsche Entscheidungen und geraten in Schwierigkeiten. Sie denken nur an das »Jetzt«. In diesem Beispiel versucht der Vater, das Kind zu beruhigen, erreicht aber nur, daß sich das Kind mehr und mehr für seinen unvernünftigen Plan entscheidet.

Der Ärger und die Unvernunft übertragen sich auch auf den Vater, wenn das Kind ihm widerspricht, egal was er sagt. Der Vater forderte das Kind sogar unabsichtlich heraus, einen Weg zu finden, um seinen Plan auszuführen. Und würde der Junge jetzt von seinem Plan ablassen, entspräche dies nur dem Willen von »Vater und Mutter«. Was nur noch mehr motiviert, den Plan auszuführen.

➤ Ein strategisches Kommunikations- und Umgangsmuster

Kind: Ich werde diese Typen umbringen!
Vater: Mein lieber Mann, du bist ja ganz schön in Rage. Was ist denn los?
Kind: Diese Typen drohen mich zusammenzuschlagen, wenn ich ihnen kein Geld gebe. Ich besorge mir 'ne Knarre. Dann wirst du erleben, was passiert, wenn sie es noch einmal versuchen.
Vater: Ja, das ist ziemlich übel. Kein Wunder, daß du sie umlegen willst.
Kind: Niemand macht so etwas mit mir.
Vater: Ich hoffe nicht (Pause). Fällt dir noch irgend etwas anderes ein, als sie »abzuknallen«, damit das aufhört?
Kind: Keine Ahnung.
Vater: Wenn du eine Knarre mit in die Schule nimmst, fliegst du runter, geschweige was pas-

siert, wenn du sie benutzen würdest. Das ist dir ja klar.

Kind: Ja, aber ich lasse mich nicht zusammenschlagen.

Vater: Ich gebe dir ja auch gar nicht die Schuld. Was können wir sonst noch tun? Ich helfe dir, so gut ich kann.

Kind: Vielleicht kannst du einmal mit meinem Klassenlehrer, dem Rektor oder den Eltern dieser Typen reden oder eventuell mit der Polizei oder dem Vertrauenslehrer.

Vater: Das ist eine gute Idee. Ich spreche mit dem Rektor. Dann werden wir sehen, ob er über solche Vorgänge an seiner Schule informiert ist und was er dagegen unternimmt. Wenn nicht, werden wir zur Polizei gehen. Ich rufe morgen früh als erstes dort an.

Der Vater war fähig, dem Wutausbruch seines Kindes zuzuhören, ohne sich so aufzuregen, daß die Unterhaltung abrupt endete. Als der Junge überzeugt war, daß der Vater die Situation genauso sah wie er selbst, war er bereit, andere Möglichkeiten in Betracht zu ziehen, als noch mehr Ärger und Gewalt herauszufordern.

12. Was mache ich ... wenn mein Kind keinem Argument mehr zugänglich ist?

Wenn ein Kind nicht vernünftig ist oder uns mit lächerlichen Ausreden kommt, mag es sich darüber nicht unbedingt bewußt sein. Es bildete seine Meinung eventuell auf Grund mangelnder oder falscher Informationen oder will seine Eltern »auf die Palme bringen«. Beides bedeutet für die Eltern eine Herausforderung. Sie werden versuchen, dem Kind »etwas klarzumachen«. Ob das Kind glaubt, was die Eltern ihm »klarmachen« wollen oder nicht, auf jeden Fall ist es der sicherste Weg, die Auffassung des Kindes zu zementieren. Es steigert sich nämlich in eine negative Haltung hinein, verteidigt seine Position und ist mehr und mehr davon überzeugt, daß sein Ansinnen logisch ist und keinesfalls lächerlich.

Hier ein Beispiel aus einem Selbsterfahrungsseminar für schwererziehbare Jugendliche. Es mag vielleicht etwas weit hergeholt wirken, trifft aber auf diese Klientel zu. In einer freien Diskussion über ihre späteren Lebensziele erklärte ein Mädchen: »'n Bordell haben fänd ich super!« Das Ziel des Seminars sollte sein, den Mädchen zu vermitteln, stolz auf sich sein zu können, sich selbst zu respektieren und das Beste aus sich zu machen. Chefin eines Bordells zu sein war für den Seminarleiter nicht unbedingt geeignet, um diese Ziele zu erreichen. Offensichtlich war in der Diskussion von seiner Seite etwas schiefgelaufen und mußte jetzt korrigiert werden. Also glaubte er die Gruppe aktivieren zu müssen, was immer dann geschah, wenn ein Problem in der Gruppe auftauchte. Jetzt ging es also darum, die Äußerung des Mädchens entsprechend zu bewerten und nach Gründen zu suchen, warum sie sich ausgerechnet zum Berufsziel gesetzt hatte, eine Puffmutter zu werden.

Die Gruppe verbrachte Stunden damit, dem Mädchen in jeder möglichen Weise zu erklären, warum sie ein anderes Berufsziel anstreben sollte. Das Mädchen aber fand immer nur mehr Gründe, »Puffmutter« zu werden. Nicht nur die Seminarleitung, sondern auch alle anderen in dem Kurs verwendeten viel Zeit und Energie darauf, dem Mädchen alle nur denkbaren Gegenargumente zu erläutern. Was sie um so mehr davon zu überzeugen schien, ihren Berufswunsch nicht aufzugeben.

➤ Ein strategisches Kommunikations- und Umgangsmuster

Eine Supervisorin sah die Gruppe zusammensitzen und hatte Teile der Diskussion mitbekommen. Auch wenn sie sich noch nicht mit den »strategischen Kommunikationsmustern« auskannte, war ihr Eingreifen effektiv:

> **Supervisor:** Was möchtest du gerne werden?
> **Mädchen:** Ich möchte eine Hure werden.
> **Supervisor:** Oh prima. Ich hoffe, du wirst eine sehr gute.

Die Gruppendiskussion war zu Ende. Niemand hörte noch einmal etwas davon, daß sie eine Hure werden wollte. Der Machtkampf war zu Ende.

Sobald Sie den Standpunkt des Kindes oder Jugendlichen ernst nehmen und mit einem freundlichen »Oh, wirklich?« oder »Ehrlich?« antworten, kann das Kind nicht gegen sie kämpfen, um seine Position zu verteidigen. Wenn es seine Position nicht mehr verteidigen muß, wird es etwas realistischer werden. Plötzlich kapiert es, welchen Unsinn es eigentlich daherredet oder denkt. Sie können ihm seine Verlegenheit auf dem Gesicht ablesen. Natürlich wird es Ihnen nicht gleich zeigen, daß es anfängt, über Alternativen nachzudenken, aber genau das wird wahrscheinlich eintreten.

Jugendliche und Familien können in schwere Beziehungskrisen wie die folgende geraten. Sie sind schrecklich, aber ungewöhnlich sind sie nicht.

Eltern auf einem Seminar für strategische Kommunikations- und Umgangsmuster stellten uns die folgende Situation vor. Ihre 14jährige Tochter wurde in einer Einrichtung der Jugendhilfe untergebracht, weil die Eltern ihr Verhalten nicht mehr in der Hand hatten. Sie zerstörte den häuslichen Frieden und bedrohte die Eltern sogar körperlich, wenn es nicht nach ihrem Willen ging. Diese wurden dann so aufgebracht, daß sie selbst Probleme hatten, die Kontrolle zu wahren. Sie wußten nicht mehr, was sie tun sollten, um die Situation zu beenden, und wollten ihre Tochter deshalb nicht mehr bei sich zu Hause haben. Bei einem Besuch spielte sich dann die folgende Szene ab:

Es war um 20 Uhr am letzten Abend des Wochenendbesuchs. Das Mädchen sagte zu seinen Eltern, sie wolle um 22 Uhr mit ihrem Freund ins Kino gehen. Den Eltern erschien diese Uhrzeit viel zu spät, und sie verboten ihr auszugehen. Die Auseinandersetzung nahm ihren Lauf:

> **Tochter:** (ärgerlich) Du kannst mir nicht verbieten zu gehen. Du hast mir versprochen, daß ich meinen Freund sehen darf, bevor ich zurück muß.
>
> **Vater:** (wird ärgerlich) Ich meinte nicht so spät. Es ist viel zu spät, um jetzt noch auszugehen.
>
> **Tochter:** (sehr wütend) Aber du hast es ver-

sprochen. Ich konnte ihn nicht vorher treffen. Also mach ich es jetzt. Du hast es versprochen, und jetzt hältst du dich nicht dran. Ich hau jetzt ab. Es ist doch nicht meine Schuld, wenn du deine Versprechen brichst.
Vater: (sehr wütend) Du gehst nicht aus diesem Haus!
Tochter: (schreiend) Du hast sie wohl nicht mehr alle! Wenn du mich nicht gehen läßt, steck' ich das Haus an!

Unglücklicherweise war dies keine leere Drohung, was das Mädchen schon einige Male unter Beweis gestellt hatte. Gewöhnlich endeten die Auseinandersetzungen damit, daß die Tochter rabiat durch das Haus raste und die Eltern versuchten, sie davon abzuhalten oder einzusperren, was durchaus zu körperlichen Auseinandersetzungen führen konnte. Und am Ende verließ die Tochter doch das Haus: entweder würde sie die Zimmertür aufbrechen und fliehen oder sich später davonschleichen. Die ganze Aufregung hatte nichts gebracht.

➤ Die Dynamik des Beziehungsmusters

In Situationen, in denen Gewalt ausgeübt oder angedroht wird, ist die negative Wechselwirkung weit über die normalen Grenzen hinausgegangen. Machtfragen und Ausdrucksmöglichkeiten sind zu irgendeinem Zeitpunkt der Beziehung unzulänglich behandelt und gelöst worden. Verschärft sich die Situation und die Gewaltbereitschaft nimmt zu, werden die Eltern gewöhnlich aus Furcht versuchen, das Kind durch noch härtere Maßnahmen unter Kontrolle zu bekommen. Für das Kind Grund genug, noch mehr dagegen zu halten, bis die Situation immer mehr eskaliert. Zum Schluß ruft der Vater: »Ich werde schon dafür sorgen, daß du tust, was ich sage.« Und das Kind wird antworten: »Ich mache, was ich will. Du wirst sehen, daß ich noch schlimmer werden kann. Du kannst mir nichts befehlen.«

➤ Ein strategisches Kommunikations- und Umgangsmuster

Vater: (bemüht, ruhig zu sein) Du sagst, ich habe versprochen, daß du dich mit deinem Freund treffen darfst?
Tochter: (ärgerlich) Ja, hast du.
Vater: (aufrichtig, neugierig) Hast du geglaubt, ich meinte zu jeder Zeit?
Tochter: (ärgerlich, mürrisch) Ich weiß nicht, was du gemeint hast. Ich weiß nur, du hast es versprochen.
Vater: Es hört sich nicht nach mir an, so etwas zu versprechen. Wann immer ich dir etwas verspreche oder du mir, werden wir es von jetzt an aufschreiben und unterschreiben, damit wir beweisen können, was der andere gesagt hat. Mir kommt es so vor, als gerieten wir häufig in solch ein Durcheinander wie dieses, und ich will nicht, daß es noch einmal vorkommt. Bist du einverstanden?
Tochter: (mürrisch) Ja.

Vater: Gut. Trotzdem ist es nicht in Ordnung für mich, wenn du noch so spät ausgehst. Ich möchte keinen Streit mehr deswegen haben. Ich möchte überhaupt keinen Streit dieser Art mehr mit dir haben. So entscheide bitte, was du zu tun gedenkst.
Tochter: (ärgerlich, aber etwas verwirrt und unsicher) Gut, dann gehe ich jetzt, weil du es versprochen hast.
Vater: Wie ich sagte, kann ich mich an kein solches Versprechen erinnern und finde es auch nicht in Ordnung, wenn du gehst. Aber es ist deine Entscheidung.
Tochter: (zögernd und fragend) Gut, ich gehe.
Vater: (keine Antwort)
Tochter: (geht und dreht sich noch einmal um, als sie die Tür erreicht)

Das Mädchen geht also noch spät am Abend mit ihrem Freund aus. Sicherlich nicht die beste Lösung. Aber die Vorgeschichte zeigt auch, daß dieses Mädchen meistens sowieso tut, was es will, und zwar selbst dann, wenn es das gewaltsam durchsetzen muß. Dieses Mal wurde wenigstens eine gewalttätige Szene vermieden, und der Vater hat einen anderen, wenn auch langen Weg eingeschlagen, um die Beziehung zu ändern. Er ließ sich zudem auf kein negatives Beziehungsmuster ein und konnte dadurch verhindern, selbst unvernünftig zu reagieren. Die Aggressionsbereitschaft des Mädchens wurde vermindert.

Jetzt muß sie bewußt gegen die Wünsche der Eltern handeln, und obwohl sie genau weiß, daß es gegen die Regeln ist, hat sie die Wahl. Sie kann nicht einfach sagen, daß die Eltern es ihr verboten haben. Es war absolut ihre eigene Entscheidung, und wahrscheinlich hat sie darüber nachgedacht, bevor sie ging. Oft werden Kinder in dieser Situation entscheiden, zu Hause zu bleiben und ihren Freunden sagen: »Meine Eltern haben es nicht erlaubt«, auch wenn die letzte Entscheidung bei ihnen selber lag.

Daran sollten Sie in puncto Gewalt denken:

1. Eltern müssen Kindern beibringen, daß Gewalt unter gar keinen Umständen akzeptabel ist. Sie werden selbst keine Gewalt anwenden und sie bei ihren Kindern ebenfalls nicht dulden.
2. Immer wenn Eltern Gewalt anwenden, können Kinder daraus den Schluß ziehen, daß Gewaltausübung akzeptiert wird, und zwar unabhängig davon, wie die Eltern sich verbal dazu äußern.
3. In extremen Fällen sollte man die Polizei oder andere Autoritäten um Hilfe bitten, nicht nur, um die Familie zu schützen, sondern auch, um deutlich klarzustellen, daß Gewaltausübung inakzeptabel ist. Die Eltern sollten sich jedoch nicht in der Pose des Siegers gefallen, sondern eher sagen: »Es tut mir sehr leid, daß es soweit kommen mußte. Es gefällt mir gar nicht, dir das anzutun, und ich hoffe, daß es nicht noch einmal soweit kommt. Wir müssen einen anderen Weg finden, unsere Differenzen zu klären. Hast du irgendeine Vorstellung?«
4. Manche Kinder leben in einem gewalttätigen Milieu und halten Gewalt für das richtige Mittel, um Proble-

me zu lösen. Dann sollten Eltern bestrebt sein, ihnen alternative Lösungen anbieten. Zum Beispiel:

Eltern: Ich glaube, du hast gerade eine ziemliche Wut. Wie wäre es, wenn wir beiden uns erst einmal ein paar Minuten abkühlen und dann unser Gespräch fortsetzen?

Oder:

Eltern: Im Moment sind wir beide zu aufgeregt. Ich mache jetzt einen Spaziergang und denke darüber nach, was wir bis jetzt besprochen haben. Ich beruhige mich erst einmal, und wir diskutieren später weiter.

Oder:

Eltern: Ich sehe, daß du eine Mordswut hast. Es ist aber nicht in Ordnung, wenn du sie an mir ausläßt. Warum gehst du nicht in dein Zimmer und schlägst auf deine Matratze, bis die Wut nachläßt?

5. Macht erzeugt das Bedürfnis, selbst Macht auszuüben, und Gewalt ruft nur Gegengewalt hervor.

»Der Sieg bei einem Spiel, bei dem keiner mitspielt, ist völlig wertlos«

Jamie Raser, Eltern sein, die schwierige Arbeit mit Kindern, *November, 1993*

14. Was mache ich ... wenn mein Kind keine Regeln akzeptieren will?

Ein Vater erzählte mir von seinem halbwüchsigen Sohn, der meinte, sich nach keinen Regeln richten zu müssen. Der Sohn war 14 Jahre und hielt sich für alt genug, um selbst zu entscheiden, wann er zu Hause sein mußte, welche Arbeiten er im Haushalt zu übernehmen hatte und was in der Schule für ihn wichtig war oder nicht. Der Vater war besorgt und versuchte seinem Sohn zu erklären, daß er noch zu jung und unreif sei, um wirklich zu wissen, was gut für ihn sei. Woraus sich ständige Vorhaltungen ergaben, die der Sohn mißachtete, und es zum Schluß zu fast gewalttätigen Auseinandersetzungen kam. Der Junge wiederholte ständig, der Vater habe kein Recht, ihm Vorschriften zu machen, und empörte sich, daß überhaupt ein Anderer wagte, über ihn zu bestimmen.

➤ Die Dynamik des Beziehungsmusters

Sicherlich betrachten Sie Regeln als Mittel, Ihrem Kind, Ihrer Familie und/oder Ihnen das Leben zu erleichtern. Für Ihren Teenager nehmen Sie damit aber nur die Position des Stärkeren ein. Denn jeder, der Regeln aufstellt, braucht zu ihrer Durchsetzung Macht und muß sich schließlich auch dazu bekennen. Wenn feste Absprachen Ihnen dazu dienen, Ordnung ins Familienleben zu bringen, greifen sie dennoch in die Welt Ihres Kindes ein und stören es auf diese Weise.

Anordnungen zu erteilen bedeutet für Ihr Kind erst einmal, daß Sie es nicht als eine erwachsene, verantwortliche Person ansehen oder als jemanden, dem man vertrauen kann. Was vermutlich genau beschreibt, wie Sie Ihr Kind sehen. Für das Kind laufen solche Vorschriften darauf hinaus, sich unberücksichtigt und erniedrigt zu fühlen. Und sie zu befolgen heißt, an Macht zu verlieren. Hält man eine Regel ein, entscheidet damit die eine Person über die andere. Es ist dann gewöhnlich keine gemeinsame Anstrengung, womit ich meine, daß die Anordnung von »höherer Stelle« aus erfolgt und der Empfänger keine Wahl und kein Stimmrecht in dieser Sache hat.

Auf die Art, wie sie der Heranwachsende betrachtet, ist es also keine Überraschung, daß Jugendliche das Gefühl haben, gegen Regeln verstoßen zu müssen.

➤ Ein strategisches Kommunikations- und Umgangsmuster

Vater: So, du meinst, ich versuche dein Leben zu kontrollieren?
Sohn: Klar. Und ich brauche mir das nicht gefallen zu lassen.

Vater: Du meinst, niemand von den 14jährigen, die du kennst, hat irgendwelche Regeln einzuhalten?
Sohn: Nein, niemand.
Vater: Das erstaunt mich! (Pause).
Sohn: Na ja, einige müssen es, aber keiner von meinen Freunden.
Vater: (aufrichtig neugierig) Das ist interessant. Und du meinst, daß sich kein 14jähriger nach irgendwelchen Vorschriften richten muß?
Sohn: Genau. Wir sind alt genug, uns unsere eigene Meinung zu bilden.
Vater: Na ja, das ist interessant. Meinst du denn, daß es irgendein Alter gibt, in dem Regeln angebracht sind?
Sohn: Ja, Kinder brauchen Regeln, weil sie noch nicht alt genug sind.
Vater: Was meinst du, ab welchem Alter brauchen sie keine mehr?
Sohn: Ich weiß nicht. Vermutlich so ungefähr mit 14.
Vater: Hängt das nur vom Alter ab, oder gibt es noch andere Kriterien für diese Entscheidung?
Sohn: Wenn Kinder sehr dumm sind, kann man ihnen noch nicht vertrauen. Aber ich bin nicht dumm.
Vater: Nein, das bist du sicher nicht. Wenn ein Jugendlicher mit seiner Familie zusammenlebt und von seinen Eltern unterstützt wird, meinst du, daß er dann irgendeine Verantwortung gegenüber seiner Familie hat?

Sohn: Du meinst, wenn sie für sein Essen, seine Kleidung und die anderen Sachen sorgen?
Vater: Ja, genau das.
Sohn: Klar, wenn sie reif genug sind, wissen sie, daß sie der Familie einiges verdanken. Das bedeutet aber nicht, daß sie Sklaven der Familie sind.
Vater: Nein, sicher nicht. Ich merke, daß du genau über dieses Thema nachgedacht hast. Danke, daß ich jetzt weiß, wie du darüber denkst. Ich muß auch noch einmal darüber nachdenken.

An dieser Stelle beendet der Vater das Gespräch und denkt noch einmal nach. Auch dem Sohn wird das Gespräch vermutlich noch einmal durch den Kopf gehen.

Anstatt dem Kind zu sagen, was es zu tun und zu lassen hat, zeigt der Vater echte Neugier und Respekt vor der Meinung seines Sohnes. Außerdem unterschied sich diese Auseinandersetzung von früheren, die häufig fast gewalttätig endeten. Hat der Vater das Kind aber nicht in seiner unvernünftigen Haltung bestärkt, indem er dieses Mal im Gegensatz zu unzähligen vorherigen Auseinandersetzungen darauf verzichtete, dem Sohn seine unmögliche Einstellung unter die Nase zu halten?

Ich glaube nicht. Eher denke ich, daß der Jugendliche nach diesem Gespräch bereit sein könnte, seine Ansichten und seine Meinung zu überprüfen. Im Rahmen eines negativen Beziehungsmusters wird der Sohn immer nur darauf aus sein, seine Position zu verteidigen. In diesem Gespräch wird ihm klar, daß er noch einmal alles durchdenken muß. Durch die Fragen seines Vaters beginnt er, einige Argumente zu berücksichtigen.

Der Vater ging das Risiko ein, seinen Sohn mißtrauisch zu machen: »Was will er mit seinen Fragen eigentlich bezwecken?« Denn Gespräche dieser Art zwischen Eltern und Kindern enden ja häufig auch damit, daß Vater oder Mutter sagen: »Siehst du es nicht endlich ein, daß du falsch liegst und wie lächerlich du dich benimmst? Daß nicht du, sondern ich Recht habe?« Das Kind in diesem Beispiel achtete genau auf diese »Elternfalle«. Statt dessen verläßt der Vater den Raum und sagt, er wolle über die Worte des Sohnes nachdenken. Somit liefert er dem Jungen keinen Vorwand, abwehrend und unvernünftig zu reagieren.

Hier ist es nützlich, die strategische Redewendung »Komm zu mir, wenn dir etwas Besseres einfällt« zu benutzen. Es zeigt den Willen der Eltern, mit dem Kind zusammenzuarbeiten. Das Kind wird respektiert, indem die Eltern bereit sind, mit ihm zu verhandeln. Natürlich wird es dauern, bis das Kind von seinen unvernünftigen »Argumenten« loskommt. Wenn es aber soweit ist, lassen sich auch einige Regeln finden, die für beide, Eltern und Kind, befriedigend sind.

Denken Sie also daran, daß im Rahmen einer unerbittlichen Auseinandersetzung das wichtigste Ziel ist, zu Beginn immer einen Wechsel in der Art der Auseinandersetzung vorzunehmen. Die Regeln mögen immer wieder gebrochen werden oder für eine Weile immer wieder ein Problem darstellen. Wenn sich aber die Auseinandersetzungen rund um Regeln und ihre Einhaltung hin zum positiven wenden, wird auch das Kind kooperativer werden. Und es werden weniger Regeln notwendig sein, wenn die Machtfrage nicht länger im Vordergrund der Kommunikation steht. Das heißt, daß Regeln um so weniger nötig sind, je mehr das Kind an Vernunft zunimmt.

»Kinder sollen nicht durch Strenge auf den richtigen Pfad geführt werden, sondern durch Überzeugung.«
Terence, The Brothers, *160 B.C.*

15. Was mache ich … wenn mein Kind zu einer Jugendbande gehört, schlechten Umgang hat oder dazu neigt, dem Druck seiner Kumpel nachzugeben?

Banden gibt es überall. Sie werden in letzter Zeit zahlreicher und aktiver. Es gibt organisierte kriminelle und eher lose organisierten Gruppen, an der Schule, in einem Stadtteil, usw.

In den meisten Banden stehen Gewaltanwendung und kriminelle Aktivitäten auf der Tagesordnung, manchmal auch extreme politische Einstellungen. Einer Bande anzugehören bedeutet, in einem gewalttätigen Umfeld zu leben, wobei die Gewalt auch von rivalisierenden Banden ausgeübt werden kann. Gewaltandrohung und Ärger mit der Polizei gehören zur Tagesordnung. Warum möchte jemand sein Leben in ständiger Bedrohung und Gefahr leben?

➤ Die Dynamik des Beziehungsmusters

Auch wenn es schwerfällt zu glauben, aber Banden geben manchen Jugendlichen alles, was sie sonst nicht haben oder jedenfalls glauben nicht zu haben, insbesondere zu Hause. Banden sind durch klare Regeln und Richtlinien organisiert. Ein Jugendlicher weiß genau, was von ihm erwartet wird. Wenn die Regeln befolgt werden, wird er belohnt, gelobt und akzeptiert. Die aufgestellten Regeln und Richtlinien passen eher zu den Vorstellungen der Jugendlichen, die gerade »in« sind, und sind deshalb auch leichter zu befolgen.

In einer Bande ist es für einen Jugendlichen möglich, an Ansehen zu gewinnen und sich wichtig vorzukommen. Was in der Familie nicht immer der Fall ist. Denn hier bleibt ein Kind immer ein Kind und wird selbst dann noch so behandelt, wenn es die Familie schon längst verlassen hat. In der Bande wird der Jugendliche sofort wichtig genommen, und sie eröffnet Wege, um sich noch bedeutender vorzukommen. Rebellion und Verbotenes spielen eine wichtige Rolle und entsprechen dem, was viele Jugendliche in diesem Alter empfinden. Die Bande gibt dem Jugendlichen eine eigene Identität. Die Bandenkultur verwertet dieses Entwicklungsbedürfnis.

Eigentlich könnten Eltern von der Bandenkultur lernen. Denn Banden müssen irgend etwas richtig machen, wenn sie eine so starke Anziehungskraft besitzen, daß Jugendliche sogar ihr Leben riskieren oder ihre Freiheit, um der Bande anzugehören. Ein Jugendlicher will vielleicht einmal seine Familie verlassen, »abhauen«, weil er keine Lust mehr hat, ständig aufräumen zu müssen, aber für die Bande begeht er einen Raub oder nimmt an einem Bandenkrieg teil.

Warum sehen die Kinder nicht, auf was sie sich einlassen? Zum einen gibt es also durchaus Gründe, die eine Bandenzugehörigkeit attraktiv erscheinen lassen.

Andererseits resultieren aus der Zugehörigkeit zu einer Bande auch unangenehme Dinge, die das betreffende Kind offensichtlich nicht wahrhaben will.

Diese schlimmen Konsequenzen nicht zu bemerken oder wahrhaben zu wollen gehört zu jenem irrationalen Handeln, das aus negativen Beziehungsmustern entsteht. Je stärker das Bedürfnis nach einer eigenen Identität, nach Freiheit, Macht, Status und Selbstbewußtsein ist, um so eher wird der Jugendliche die Gefahren, die ihm in der Bande drohen, ignorieren. Sind diese Bedürfnisse genügend stark ausgeprägt, werden alle Vernunftgründe beiseite geschoben. Das ganze negative Verhaltensmuster wird in Gang gesetzt. Die Versuche der Eltern, dem Jugendlichen die Gefahren zu erklären, stoßen auf Ignoranz. Je mehr die Eltern versuchen, dem Jugendlichen die Risiken klarzumachen, desto irrationaler wird seine Abwehrhaltung und desto stärker seine Loyalität gegenüber der Bande. Und je besorgter oder wütender die Eltern werden, um so stärker wird sich der Jugendliche zu der Bande hingezogen fühlen.

Um zu verhindern, daß der Heranwachsende sich einer Bande anschließt, ist es ein Muß, mit ihm in sämtlichen Lebensbereichen eine offene und positive Beziehung anzustreben. Wenn der Jugendliche selbständig wird und zeigt, daß er eine eigene Identität und sein eigenes Selbstbewußtsein braucht, ist es von seiten der Eltern sehr wichtig, mit positiver Kommunikation und entsprechendem Verhalten zu reagieren.

Wenn der Jugendliche einer Bande angehört bzw. sich ihr anschließen will und alle anderen Versuche, diese Krise zu meistern, gescheitert sind, können strategische Kommunikation und Interaktion die Beziehung zwischen Eltern und Jugendlichem verbessern und eventuell bewirken, daß der Jugendliche seine Bandenzugehörigkeit realistischer und vernünftiger betrachtet. Die endgültige Entscheidung, einer Bande anzugehören oder sie zu verlassen, kann der Jugendliche nur selber treffen. Strategische Kommunikations- und Umgangsmuster können dem Jugendlichen aber helfen, die richtige Lösung zu finden.

➤ Ein strategisches Kommunikations- und Umgangsmuster

Vater: Der Direktor sagte mir, daß du vom Unterricht ausgeschlossen wurdest, weil du so oft die Schule geschwänzt hast.
Kind: Ja?
Vater: Er hat mir auch erzählt, daß du zusammen mit einem Jungen geschwänzt hast, der offensichtlich in irgendeiner Bande ist.
Kind: So, hat er das?
Vater: Er denkt, daß du der Bande bereits angehörst, weil du ständig mit diesen Typen zusammen bist, die er schon kennt.
Kind: Ich bin nicht in der Bande. Das sind meine Freunde. Ich bin nur mit meinen Freunden zusammen. Was soll daran falsch sein?
Vater: Ich finde schon, daß es nicht in Ordnung ist, wenn du deswegen großen Ärger bekommst.
Kind: Du hast ja wohl nicht zu bestimmen, mit wem ich zusammen bin.

Vater: (ruhig) Erstens ist dein Halbjahreszeugnis so schlecht, daß du die Klasse wiederholen mußt, wenn es so weiter geht, und vergiß bitte nicht, daß du Bewährung hast, wegen des Autodiebstahls im letzten Jahr.
Kind: Ich habe das Auto nicht gestohlen, ich saß auf dem Rücksitz.
Vater: Derselbe Typ, mit dem du Schule geschwänzt hast, hat das Auto gefahren.
Kind: Ach ja?
Vater: Es sieht also danach aus, daß dir das Zusammensein mit diesen Leuten einige Probleme bereitet.
Kind: Die machen mir keine Probleme, das sind meine Freunde.
Vater: Ich meine, seine Leistung nicht mehr zu bringen und eine Klasse wiederholen zu müssen ist ein Problem. Aber vielleicht denkst du anders darüber?
Kind: Ist mir egal.
Vater: Oh. (Pause) Ich meine, das erschreckt mich. Und ich bin einfach sehr beunruhigt, wie die Dinge für dich stehen.
Kind: Ich kann schon selber auf mich aufpassen.
Vater: Ich weiß, daß du das kannst. Wenn es etwas gibt, was ich für dich tun kann, laß es mich wissen.
Kind: O.k.

Was der Vater hier unternahm, war ein erster Schritt. Er gab zu verstehen, sich hinsichtlich der Situation

Sorgen zu machen, und stellte einige der offensichtlichen Gefahren und das Fehlverhalten des Jugendlichen deutlich heraus, indem er es mit den Jugendlichen in Zusammenhang brachte, mit denen sein Sohn zusammen war. So, wie er die Sache anstellte, provozierte er keine sofortige Abwehrhaltung.

Anstatt zu sagen: »Ich finde das unmöglich, hör sofort damit auf«, nahm er eine eher neutrale Position ein, eine »Ich-frage-mich-warum?«- Position. Damit eröffnete er dem Jugendlichen die Möglichkeit, sich mit ihm zu fragen: »Warum mache ich das eigentlich?«, anstatt sofort gegen die Bedenken und Gedanken des Vaters anzukämpfen. Der Jugendliche kann seine Situation jetzt eher vernünftig und realistisch überprüfen.

Es scheint schwierig zu sein, eine Bande zu verlassen, und auch der Jugendliche in diesem Beispiel will seine Kumpel nicht sofort aufgeben und sein Verhalten ändern. Der Vater begegnet ihm mit Respekt und gibt seinem Sohn die Möglichkeit, weiter mit ihm über seine Probleme zu sprechen. Wenn es dabei bleibt, wird der Jugendliche vielleicht bald weniger das Bedürfnis haben, der Bande anzugehören, er wird vernünftiger darüber denken, was sie von ihm verlangt und auch fähig sein, die Handlungen und Vorstellungen der Bande objektiver zu bewerten. Aber selbst wenn er in der Bande bleibt, wird er sich möglicherweise vor den Risiken der Bandenzugehörigkeit schützen. Das kann keine perfekte Lösung sein, stellt aber einen Anfang dar, den Jugendlichen in eine Position zu versetzen, in der er eine vernünftige Entscheidung treffen kann.

»In der kleinen Welt, in der Kinder existieren, wird nichts so sehr wahrgenommen wie Ungerechtigkeit.«
Charles Dickens, Great Expectations

16. Was mache ich … wenn mein Kind deprimiert ist?

Das Leben der Jugendlichen besteht zu einem großen Teil aus Veränderungen. Es gibt viele Dinge, über die sie nachdenken müssen, und vieles, was sie betroffen macht. Manchmal sind sie dann völlig deprimiert oder werden depressiv. Das ist bei Erwachsenen genauso. Nur haben Jugendliche weniger Möglichkeiten, damit umzugehen, was auch damit zusammenhängt, daß sie meistens noch keine oder wenig Erfahrung damit hatten, existentielle Probleme zu meistern. Außerdem sind sie, was in ihrer Entwicklungsphase ganz natürlich ist, impulsiver und verlieren eher den Kopf. Sie nehmen vielleicht, wenn sie sich über irgend etwas Sorgen machen, Zuflucht zu drastischen Mitteln.

Obwohl viele Jugendliche mit solchen Schwierigkeiten gemeinhin ganz gut zurandekommen, werden einige so deprimiert, daß sie sogar gefährdet sind, Selbstmord zu begehen. Ein Jugendlicher, der an Selbstmord denkt, hat für sich irgendwie entschieden, daß dies eine vernünftige Alternative sein mag, und vielleicht sogar die einzige Möglichkeit, die ihm noch bleibt.

Die Beziehungsdynamik

Ein Jugendlicher, der ein Problem hat, ist in der Klemme. Er braucht jemanden, mit dem er sprechen kann, der ihm zuhört, einen guten Rat gibt und den er respektiert. Wie auch immer, er möchte sich weder »abhängig« noch »wie ein Kind« vorkommen, wenn er diesen Rat annimmt. Manchmal möchte er sich nur aussprechen und erwartet gar keinen Rat. Mit einem seiner Eltern über seine Probleme zu sprechen betrachtet der Jugendliche vielleicht als Zugriff auf seine Privatsphäre, Angriff auf seine Unabhängigkeit oder allmähliche Ablösung vom Elternhaus bzw. als Bedrohung seines von ihm angestrebten Selbstvertrauens.

➤ Die Dynamik des Beziehungsmusters

Mutter: Schon seit Wochen sitzt du hier zu Hause herum. Was, um alles in der Welt, ist los mit dir?
Kind: Gar nichts.
Mutter: Das ist keine Antwort. Ich kenne dich. Ich merke, daß irgend etwas nicht in Ordnung ist. Was ist eigentlich los?
Kind: Du kennst mich eben nicht! Du weißt überhaupt nichts über mich.
Mutter: Vielleicht, weil du nie mit mir sprichst!
Kind: Du hörst mir ja doch nie zu, wenn ich mit dir spreche. Warum soll ich dann noch mit dir reden?

Mutter: Ich bin deine Mutter. Ich kann dir helfen.
Kind: Du verstehst überhaupt nichts und kannst mir überhaupt nicht helfen. Und jetzt laß mich allein!

Die Bedenken der Mutter und ihr Wunsch, das Problem des Kindes zu erfahren, um ihm helfen zu können, mündeten in einer Auseinandersetzung darüber, ob etwas nicht in Ordnung ist, wie wenig sich das Kind ihr mitteilt, ob die Mutter das Kind wirklich versteht oder ihm tatsächlich helfen kann. Der Versuch, ihrer Tochter näherzukommen, endete damit, daß sie sich noch weiter von ihrer Mutter zurückzog. Statt sich mitzuteilen, machte die Tochter »zu«. Und was eine hilfreiche Diskussion werden sollte, wurde zu einer Art Schlagabtausch. Wenn das Kind vorher deprimiert war, wird es jetzt noch deprimierter sein, weil es so aussieht, als ob man mit dieser wichtigen Person in ihrem Leben, der Mutter, doch nicht reden kann. Dadurch kann sich das Kind jetzt noch einsamer fühlen.

➤ Ein strategisches Kommunikations- und Umgangsmuster

Mutter: Weißt du, du scheinst mir neuerdings so niedergeschlagen zu sein (Pause).
Kind: Ja, wirklich?
Mutter: Ja, so sieht es für mich aus.
Kind: (keine Antwort)
Mutter: Ich bin besorgt. Ist etwas passiert?

Kind: Mit mir ist alles in Ordnung.
Mutter: Ich stehe dir jederzeit zur Verfügung, wenn du mit mir reden willst.
Kind: Danke. Ich glaube nicht, daß mir irgend jemand bei diesem Problem helfen kann.
Mutter: Oh, dann muß es ein schlimmes Problem sein. (Pause) Ich möchte es trotzdem hören, und dann werden wir sehen, ob man es lösen kann.
Kind: Es ist wegen einem Jungen in der Schule, aber ich möchte wirklich nicht darüber reden. Du kannst da auch nichts machen.
Mutter: Vielleicht. Ich bin sicher, daß du selber schon einiges versucht hast. (Pause) Kannst du mir irgend etwas darüber sagen?
Kind: Also, … (erzählt ein paar Details des Problems).

Obwohl diese Mutter sehr besorgt war, hat sie dem Kind vorsichtig »Raum« gegeben. »Raum«-geben, anerkennen, wie groß das Problem ist, respektieren, wie sehr sich das Kind bis jetzt mit der Lösung des Problems befaßt hat, und zu diesem Zeitpunkt nur ein »zuhörendes Ohr« anbieten, zeigt die große Achtung vor dem Kind. Das Kind antwortet mit Details, die zu immer mehr Informationen führen können, wenn die Mutter ihre behutsame, respektvolle Art beibehält.

Die Eltern können dem Kind auch anbieten, mit einer anderen Person Kontakt aufzunehmen.

Mutter: Du sprichst doch manchmal gerne mit Tante Marion oder Herrn Schmidt, unserem

Nachbarn. Hast du mal daran gedacht, mit ihm über dein Problem zu sprechen?
Kind: Nein, eigentlich nicht.
Mutter: Ich glaube, er würde dir vermutlich sehr gerne zuhören. Wenn es irgend etwas gibt, mit dem ich dir helfen kann, zuhören oder einen Termin mit jemandem machen, mit dem du reden möchtest, wäre ich sehr froh. Vielleicht möchtest du mit dem Vertrauenslehrer deiner Schule reden oder, wenn du willst, mache ich einen Termin bei einem Therapeuten. Würde dir das weiterhelfen?
Kind: Ich weiß nicht. Ich werde darüber nachdenken.
Mutter: Gut, sag mir Bescheid.

Möglichkeiten anbieten ist wichtig, stellt zu diesem Zeitpunkt aber eine Lösung erst in Aussicht. Die Mutter versucht immer noch, Zugang zur Welt des Kindes zu bekommen. Dort angekommen, kann sie Vorschläge machen, denen das Kind auch zuhört. Durch diese Art des Austauschs versucht die Mutter nicht, dem Kind die Ernsthaftigkeit seines Problems auszureden. Die Mutter zeigt ziemlich viel Respekt für das Kind und seine Bewertung der Situation. Die Mutter bietet dem Kind Optionen an und wahrt dennoch Distanz und Achtung.

Wenn das Kind auf dieses Gespräch nicht reagiert, und weiterhin einen ungewöhnlich verzagten Eindruck macht, ist es nötig, mehr zu tun.

Mutter: Ich bin wirklich sehr besorgt um dich.
Kind: Warum?
Mutter: Du scheinst nicht mehr zu schlafen und zu essen, und die Arbeit in der Schule geht auch nicht voran. Was können wir dagegen machen? Es geht jetzt schon sehr lange so.
Kind: Da kann man nichts machen.
Mutter: Es sieht so aus, als wenn du an nichts anderes mehr denken kannst. Ich mache einen Termin bei einem Therapeuten für dich.
Kind: Ich gehe nicht zu irgendeinem »Psycho«!
Mutter: Wenn sich nichts ändert, mache ich einen Termin. Wenn du dem Therapeuten nach drei Sitzungen nicht vertraust und es dir nicht weiterhilft, versuchen wir etwas anderes. Vielleicht kann der Therapeut mir etwas vorschlagen, daß ich nicht mehr so besorgt bin. Ich weiß es nicht. Aber ich kann nicht mehr zusehen, wenn es dir so wie jetzt geht. Ich bin sehr besorgt.

Die Mutter bietet eine Therapie an, gibt dem Kind aber immer noch Raum für einen anderen Plan oder um sein Verhalten zu ändern, damit sie sich nicht so viele Sorgen machen muß. Das Angebot, nach drei Sitzungen die Therapie zu beenden, reduziert unverzüglich die Abwehr.

Wenn ein Kind sehr deprimiert ist, verliert es oft so viel Schwung, daß es nicht den ersten Schritt machen kann. Holt jemand Hilfe, wird es schlußendlich doch erleichtert sein, auch wenn es sich erst einmal dagegen sträubte. Der »Trick« der strategischen Kommunikations- und Umgangsformen besteht darin, die Abwehr zu reduzieren, um das Kind in die Lage zu versetzen, die angebotene Hilfe anzunehmen, ohne zu denken, daß es darüber sein »Gesicht verliert«.

»Nachdem sie einige Tricks gelernt haben, meinen viele, sie kennen das Geschäft.«
Anonymus

Teil 3: Jedem Kind eine Chance geben!

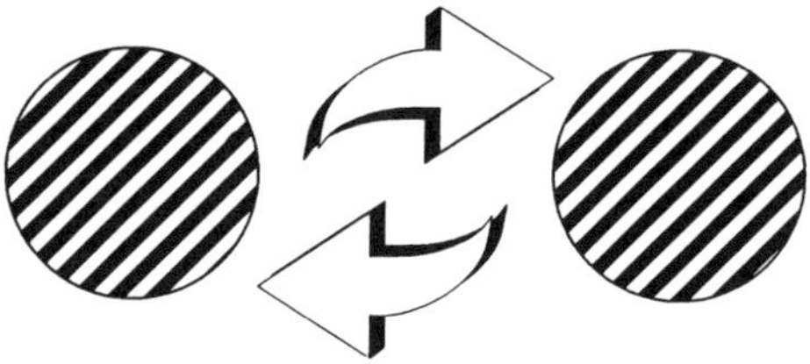

»Manchmal ist es einfacher, ein Institut für Kinderpädagogik zu leiten, als ein ungezogenes Kind in ein anständiges menschliches Wesen zu verwandeln.«
Joseph Wood Krutch, »Whom Do We Picket Tonight?« *in* If You Don't Mind My Saying So *(1964)*

17. Was kann ich machen, wenn gar nichts wirkt?

Es gibt Zeiten, da scheint wirklich nichts zu wirken. Egal, was Sie machen, Ihr Kind reagiert nicht darauf. Dafür lassen sich mehrere Gründe finden.

• Die negativen Kommunikations- und Umgangsformen haben sich derart hochgeschaukelt, daß es unmöglich erscheint, sie zu durchbrechen.

• Das Kind kann in einer Umgebung, über die Sie keine Kontrolle haben, weiterhin seine negativen Verhaltensmuster ausleben, beispielsweise dann, wenn es soeben von zu Hause ausgezogen ist.

• Der Mißbrauch von Drogen kann die Fähigkeit zu vernünftigem Handeln und Denken stark reduzieren. Kein strategisches Kommunikations- und Umgangsmuster kann eine Person »clean« machen.

• Die Gewohnheit, in negativen Kommunikations- und Interaktionsmustern zu leben, ist so tief verwurzelt, daß sie jetzt zur Persönlichkeit gehören und keine bloß reduzierte Verhaltens- oder Denkgewohnheit mehr bilden. Persönlichkeiten sind viel schwieriger zu verändern als bestimmte, einzelne Verhaltenszüge.

• Es könnte sich um ein psychologisches Symptom handeln, das in seiner Schwere die Fähigkeit des Kindes, angemessen zu handeln und zu denken, beeinflußt.

• Ein physiologisches oder neurologisches Problem kann ebenfalls das Denken und Handeln beeinflussen.

Stellen Sie sich diese Fragen:

• Habe ich wirklich alle Lehren aus diesem Buch befolgt?

• Habe ich der strategischen Kommunikation und Interaktion genug Zeit gegeben, um etwas zu verändern?

Wenn Sie das Gefühl haben, alles unternommen zu haben (Sie haben einen Psychologen konsultiert, einen Familientherapeuten und/oder Elterngruppen; Sie haben alle Vorschläge über strategische Kommunikations- und Umgangsmuster, die Sie kennen, angewandt), und Sie sehen immer noch keine Veränderung, dann sollten Sie physiologische, neurologische Probleme und Drogenmißbrauch ausschließen. Sie sollten auch über eine alternative Unterbringung Ihres Kindes nachdenken. Das folgende Beispiel zeigt annähernd, wie es geht.

Ein strategisches Kommunikations- und Umgangsmuster, wenn nichts mehr wirkt.

Mutter: (ruhig, aber gefühlvoll) Ich muß dir sagen, daß ich sehr enttäuscht bin, weil es zwi-

schen uns immer noch nicht besser läuft.
Kind: (ärgerlich) Laß die großen Worte. Es läuft alles gut, wenn du ruhig bist.
Mutter: O.k., ich habe es, so gut ich konnte, versucht. Es tut mir leid, du bist noch immer nicht zufrieden mit unserem Leben. Ich bin auch nicht zufrieden. Es sieht so aus, als könnten wir nichts dagegen machen. Hast du irgendeine Idee, was wir dagegen tun können?
Kind: Sicher. Sei still und laß mich allein.
Mutter: Ich habe gemacht, was ich konnte, und wir beide sind immer noch unzufrieden. Vielleicht solltest du woanders leben.
Kind: Prima. Ich ziehe zu meinem Vater.
Mutter: Diese Möglichkeit können wir prüfen. Du kannst ihn anrufen und fragen.
Kind: Oder ich könnte bei Sven und seiner Mutter leben. Die nehmen mich auf.
Mutter: Das halte ich nicht für die beste Lösung. Wir können aber darüber nachdenken. Es ist auch eine Frage der gesetzlichen und finanziellen Verantwortung, die sie übernehmen müßten. Welche Ideen hast du noch?
Kind: Ich glaube, das ist alles im Moment.
Mutter: Wenn du noch andere Ideen hast, wie wir das regeln können, freue ich mich, sie zu hören. Ich möchte mich wirklich nicht von dir trennen. Ich weiß bloß nicht, was ich sonst machen soll.

In dieser Situation sagt die Mutter nicht, daß sie die Vorstellungen ihres Kindes falsch findet. Sie sagt nur, daß sie damit nicht umgehen kann. Womit sie keine Machtposition einnimmt. Ihre Position ist eher schwach. Sie schimpft nicht, sie tadelt nicht und sie fordert nicht zum Kampf auf. Beide sind in der Lage, das besondere Problem herauszuarbeiten, und vielleicht ist es das erste Mal, daß sie kooperativ miteinander umgehen können. Die Trennung kann der Anstoß zu einer neuen, normalen und lohnenden Beziehung sein.

Wenn Kinder in dieser Situation gefragt werden, wo sie gerne leben möchten, kommen sie gewöhnlich mit unrealistischen und wenig durchführbaren Ideen, über die sie sich mit ihren Eltern dann meistens erneut streiten. Die Mutter in unserem Beispiel sprach ihre Bedenken zu den gemachten Vorschlägen aus, lehnte sie aber nicht sofort ab. Oft hilft die Realität bei der Entscheidungsfindung. Der Vater in diesem Beispiel hat vielleicht keine Möglichkeit, das Kind zu sich zu nehmen, und die Eltern des Freundes werden vermutlich nicht bereit sein, das Kind aufzunehmen, weil die Verantwortung für sie zu groß wäre. Es gibt wahrscheinlich noch andere, auch gesetzliche Umstände, die eine Trennung vom Elternhaus erschweren.

Aber durch die Suche nach alternativen Möglichkeiten wahrt die Mutter ihre hilfreiche und besorgte Rolle. Es ist nicht sie, die den Plan des Kindes verhindert, sondern die Wirklichkeit steht dagegen, die Realität. Und dagegen ist nur schwer anzugehen. Wenn die Eltern keinen Kampf zulassen und die Wirklichkeit für sich sprechen lassen, sieht das Kind ein, daß es keine andere Wahl hat. Es muß zu Hause »überleben«. Es wird durch die realen Umstände zur

Zusammenarbeit gezwungen. Jetzt trifft es selber die Entscheidung zur Zusammenarbeit, anstatt von seinen Eltern dazu gezwungen zu werden. Dies ist ein Beispiel, wie etwas funktioniert, wenn nichts anderes mehr wirkt. Und in der Regel geht die Angelegenheit dann auch so aus, wie eben beschrieben. Das Kind bleibt, aber jetzt war es seine Entscheidung.

Dieselbe Situation kann aber auch dazu führen, daß das Kind sein Zuhause verläßt oder »fortgeschickt« wird, weil nichts mehr hilft. Für beide Seiten resultiert daraus eine Reihe von unangenehmen Gefühlen. Wenn das Kind aber einen Platz zum Leben findet, und die Mutter weiterhin in der hilfreichen, besorgten Rolle präsent bleibt, kann sich ihre Beziehung verändern. Was anfangs aussah wie »das Ende«, wie die schlechte Lösung eines gravierenden Problems, kann der Anfang einer neuen und besseren Beziehung sein.

Mithilfe solcher strategischen Kommunikations- und Umgangsmuster können die Gefühle sogar beim Abschied – und dies das erste Mal seit Jahren! – positiv sein. Und mit der positiven Erfahrung und der physischen Distanz kann eine neue Beziehung beginnen.

»Was Sie für eine unlösbare und schmerzhafte Situation halten, die professioneller Hilfe bedarf, ist nur ein Beispiel für die Vielschichtigkeit menschlichen Lebens – und damit aufzuwachsen.«
Thomas Moore in Care of the Soul

»Vertrauen Sie, daß die Natur heilt. Und sie vollbringt so viel, ohne daß wir etwas dazu tun.«
Thomas Moore in Care of the Soul

18. Wenn gar nichts mehr hilft, das hilft!

Wenn also nichts funktioniert, hilft das strategische Kommunikationsmuster immer! Sogar in dem Beispiel, als das Kind sein Zuhause verlassen wollte, eröffnete sich durch die strategischen Wechselwirkungen eine neue Beziehung. Damit meine ich nicht, daß es immer sofort eine perfekte Lösung gibt.
Denken Sie an folgende Punkte:

- Beziehungen brauchen Zeit zum Wachsen (oder zum Wiederentstehen).
- Veränderungen geschehen oft langsam.
- Ihr Kind entwickelt sich ja weiter. Eltern tendieren zu der Vorstellung, ihre Kinder wie »fertige Dinge« zu sehen und nicht wie Menschen, die sich entwickeln können.
- In 20 Jahren macht es keinen Unterschied mehr,

wie Ihr Kind sein Haar getragen hat oder ob es unverschämt zu Ihnen war; und selbst, wenn es damals von der Schule flog, ist es dann nicht mehr wichtig.

- Es gibt keine Forschungsergebnisse, die zeigen, daß aus einem aufsässigen Jugendlichen ein für immer erfolgloser und unglücklicher Erwachsener werden muß.
- Vieles von dem Ärger, den Kinder ihren Eltern bereiten, ist »altersbedingt«. Wenn Ihr Kind mit 21 noch denselben Unsinn macht, für den es mit 15 Jahren Ärger bekam, schicken Sie mir eine kleine Nachricht ...
- Das großspurige Selbstvertrauen, die Weigerung, sich Vorschriften machen zu lassen, und die Rebellion gegen jedwede Autorität können sich in positive Eigenschaften verwandeln, wenn die Kinder älter und erwachsener werden. Vielleicht werden aus ihnen gute Geschäftsleute, Politiker, die an Veränderungen interessiert sind oder einfach nur allgemein schöpferische, selbstsichere Menschen.
- Die meisten Kinder entwickeln sich zu ihrem Vorteil. Reife kuriert viele schwierige Kinder.

Strategische Kommunikations- und Umgangsformen mögen auf den ersten Blick als kein kraftvolles Mittel erscheinen, aber sie sind das Stärkste und Beste, was es gibt. Blättern Sie noch einmal zurück, und konzentrieren Sie sich auf die sechs Handlungsschritte. Praktizieren Sie diese. Achten Sie auf die sofortige Wirkung von strategischen Kommunikations- und Umgangsmustern. Bei ihrer Anwendung werden Sie merken, daß Ihr Kind sein Verhalten anfängt zu verändern, die »Kurve kriegt«, und die Kraft spüren, die aus einer kontrollierten Beziehung resultiert. Sie werden ermutigt sein, noch andere Kommunikations- und Umgangsformen auszuprobieren. Diese müssen nicht immer perfekt sein, genausowenig, wie Ihr Verhalten immer perfekt sein kann und auch Sie immer wieder einen Fehler machen können.

Lernen Sie, sich zu entspannen! Lernen Sie, an sich und Ihrem Kind Freude zu haben. In 99 Prozent aller Fälle, mit denen ich zu tun hatte, haben die Eltern ihren Job, die Kinder zu erziehen, viel besser gemacht, als sie dachten. Heute haben diese Eltern nur noch sporadisch darauf einzuwirken, daß ihr Kind nach den erfahrenen positiven Beziehungsmustern handelt. Und egal, was auch geschehen mag: Wenn das Kind reifer geworden ist und seine eigene Familie gründet, werden die damaligen positiven Erfahrungen und Lehren noch einmal wirken.